EMYNAU CYMRU
The Hymns of Wales

Argraffiad cyntaf: Tachwedd 1995
First impression: November 1995

Llun y clawr *(cover photograph)*: Marian Delyth
Cysodwyd y gerddoriaeth gan *(music typeset by)*: Curiad, Penygroes, Caernarfon

Argraffwyd a chyhoeddwyd yng Nghymru gan
Printed and published in Wales by
Y Lolfa Cyf., Talybont, Ceredigion SY24 5HE;
ffôn (01970) 832 304,
ffacs 832 782.

EMYNAU CYMRU
The Hymns of Wales

Golygwyd gan (edited by)
Gwynn ap Gwilym
ac (and)
Ifor ap Gwilym

Foreword

Buont hwy yn canu uwch fy nghrud,
Uwchben fy machgendod a'm hieuenctid,
Fel côr o adar Cristionogol. . .
Like a choir of Christian birds, they sang above
my cradle. . . my boyhood. . . my youth. . .

This is how Gwenallt wrote about Welsh hymns – we, too, share his experience. It was a considerable challenge, therefore, to limit to fifty our collection of favourite hymns and tunes. The selection is entirely personal, but we were determined, from the outset, to include the widest variety possible. For this reason, we have included only one hymn by each author, with the exception of Pantycelyn, and only one tune by each composer, with the exception of Joseph Parry and David Emlyn Evans. We have not included new hymns, but each period, from the age of Edmwnd Prys to the present time, is represented, as is each Protestant denomination. We can maintain, however, that these hymns and tunes have never before been published in one volume, and that, in some cases, there is a new union between words and music.

We trust that this collection will be of value to churches and chapels in Wales, for special-occasion services and for interdenominational services. There is, we believe, enough material included here for a three or four-year cycle of cymanfaoedd canu *(singing festivals). It could also be a useful collection for services in hospitals, schools and Sunday schools. We have included brief notes on the authors of the hymns and the composers of the tunes, in the hope that these will be a source of interest to the people officiating at services as well as to those taking part. The English translations of the words are not meant to be sung: they are rather guides to the meaning for non-Welsh speakers.*

The first words of the hymns are in alphabetical order, and so, we have not included an index to the first lines. The list of Contents serves as an Index. The Index of Tunes follows the list of Contents.

GWYNN AP GWILYM
IFOR AP GWILYM

Easter 1995

Rhagair

Buont hwy yn canu uwch fy nghrud,
Uwchben fy machgendod a'm hieuenctid,
Fel côr o adar Cristionogol. . .

Geiriau Gwenallt yw'r rhain am emynau'r iaith Gymraeg, ond yr un hefyd yw ein profiad ninnau, a chryn sialens oedd cwtogi'r rhestr o'n hoff emynau a thonau i hanner cant. Detholiad cwbl bersonol yw hwn, felly, ond penderfynasom o'r cychwyn anelu at yr amrywiaeth fwyaf posibl. Dyna pam nad oes yn y casgliad fwy nag un emyn o waith neb ond Williams Pantycelyn, na mwy nag un dôn o waith neb ond Joseph Parry a David Emlyn Evans. Nid oes emynau newydd ychwaith, er bod pob cyfnod, a phob enwad Protestannaidd, o gyfnod Edmwnd Prys hyd at ein cyfnod ni, yn cael eu cynrychioli. Yr hyn y gallwn yn ddibetrus ei honni yw na chynhwyswyd erioed o'r blaen yr emynau a'r tonau hyn mewn un gyfrol, ac ni phriodwyd rhai emynau a thonau yn y fath fodd o'r blaen.

Gobeithiwn y bydd y detholiad o fudd i eglwysi a chapeli Cymru, ar gyfer gwasanaethau achlysurol a gwasanaethau cyd-enwadol. Y mae digon o ddeunydd ynddo, fe dybiwn, i sicrhau cylch o dair neu bedair blynedd ar gyfer pwyllgòrau cymanfaoedd canu. Gallai hefyd fod yn gasgliad hwylus ar gyfer gwasanaethau mewn ysbytai neu ysgolion neu ysgolion Sul. Cynhwyswyd nodiadau byrion yn y cefn ar awduron y geiriau a chyfansoddwyr y tonau, yn y gobaith y bydd y rhain o fudd nid yn unig i arweinwyr gwasanaethau ond i aelodau'r cynulleidfaoedd yn ogystal. Bwriedir y cyfieithiadau o'r geiriau nid ar gyfer eu canu, ond yn hytrach yn arweiniad i'w hystyr i'r di-Gymraeg.

Gan fod geiriau cyntaf yr emynau wedi eu gosod yn nhrefn yr wyddor, ni luniwyd mynegai i linellau cyntaf pob emyn. Gall y Cynnwys weithredu fel mynegai i'r geiriau. Y mae Mynegai i'r Tonau yn dilyn y Cynnwys.

GWYNN AP GWILYM
IFOR AP GWILYM

Pasg 1995

Er cof am ein rhieni

Cynnwys

Contents

15. **Fy Mugail yw yr Arglwydd Iôr** – Simon B.Jones
Crimond – J.S.Irvine
16. **Gwawr wedi hirnos** – addas. J.D.Vernon Lewis
Theodora – Alfred Legge
17. **Gwêl uwchlaw cymylau amser** – Islwyn
Capel-y-ddôl – J.D.Jones
18. **Iesu roes addewid hyfryd** – Roger Edwards
Bryntirion – Lutteroth
19. **I Galfaria trof fy wyneb** – Dyfed
Price – Daniel Protheroe
20. **I'r Arglwydd cenwch lafar glod** – Edmwnd Prys
Yr Hen Ganfed – Salmydd Genefa
21. **Mae ffrydiau 'ngorfoledd yn tarddu** – D.Charles
Crug-y-bar – Alaw Gymreig
22. **Mae'r gwaed a redodd** – Robert ap Gwilym Ddu
Brynhyfryd – Alaw Gymreig
23. **Mawr oedd Crist yn nhragwyddoldeb** – Titus Lewis (1 a 3), anad (2); *Bryn Myrddin* – J.Morgan Nicholas
24. **Mi dafla' 'maich** – Pantycelyn
Arabia – Anad.
25. **Mi wn fod fy Mhrynwr yn fyw** – Thomas Jones
Cleveland – L.Mason
26. **Myfi yw'r Atgyfodiad mawr** – Ellis Wynne
Sabbath – John Williams
27. **Ni allodd angau du** – William Ellis
Liverpool – Ieuan Gwyllt
28. **O! anfon Di yr Ysbryd Glân** – John Hughes, Pontrobert
Uxbridge – J.H.Roberts
29. **O! fy Iesu bendigedig** – Eben Fardd
Dim ond Iesu – R.Lowry
30. **O! nefol addfwyn Oen** – Pantycelyn
Rhosymedre – J.D.Edwards
31. **Os gwelir fi, bechadur** – Dafydd Morris, Twr-gwyn (2), o gasgliadau (1 a 3)
Clawdd Madog – D.Christmas Williams
32. **O! tyn y gorchudd** – Hugh Jones, Maesglasau
William – Morfydd Llwyn Owen

33. **O! tyred i'n gwaredu** – John Roberts
Bro Aber – J.Haydn Phillips
34. **O'th flaen, O! Dduw, 'rwy'n dyfod** – Thomas Williams
Wilton Square – M.Watts-Hughes
35. **Pan fo'n blynyddoedd ni'n byrhau** – T.Gwynn Jones
Ombersley – W.H.Gladstone
36. **Pan oedd Iesu dan yr hoelion** – E.Cefni Jones
Coedmor – R.L.Jones
37. **Pechadur wyf, O! Arglwydd** – Morgan Rhys
Whitford – J.Ambrose Lloyd
38. **Pwy a'm dwg i'r Ddinas gadarn** – Moelwyn Hughes
Tyddyn Llwyn – Evan Morgan
39. **'Rwy'n llefain o'r anialwch** – Ceiriog
Jabez – Alaw Gymreig
40. **Tydi, a roddaist** – T.Rowland Hughes
Tydi a roddaist – Arwel Hughes
41. **Tydi a wnaeth y wyrth** – Rhys Nicholas
Pantyfedwen – M.Eddie Evans
42. **Tyrd, Ysbryd Glân, i'n c'lonnau ni** – cyf. Rowland Fychan
Arennig – Briegel
43. **Tyred, Ysbryd yr addewid** – Silvan Evans
Tanymarian – E.Stephen
44. **Un fendith dyro im** – Eifion Wyn
Sirioldeb – Joseph Parry
45. **Wele'n sefyll rhwng y myrtwydd** – Ann Griffiths
Cwm Rhondda – John Hughes
46. **Wele'r dydd yn gwawrio draw** – John Thomas
Innocents – Joseph Smith (?)
47. **Wrth gofio'i riddfannau'n yr ardd** – Thomas Lewis
Trewen – E.Emlyn Evans
48. **Y mae'r ymdrech yn parhau** – Pedrog
Aberystwyth – Joseph Parry
49. **Yn Eden, cofiaf hynny byth** – Pantycelyn
Buddugoliaeth – G.W.Hughes
50. **Yr Arglwydd a feddwl amdanaf** – Elfed
Eirinwg – D.Emlyn Evans

Mynegai i'r Tonau
Index of Tunes

1. Bryngogarth

87.87.D

W.P.Roberts

1. Anghrediniaeth, gad fi'n llonydd,
Onid e mi godaf lef
O'r dyfnderoedd, lle'r wy'n gorwedd,
Fry yn lân i ganol nef.
Brawd sydd yno'n eiriol drosof,
Nid wyf angof nos na dydd;
Brawd a dyr fy holl gadwynau,
Brawd a ddaw â'r caeth yn rhydd.

2. 'Chydig ffydd, ble'r wyt ti'n llechu?
Cymer galon, gwna dy ran.
Obaith egwan, ble'r wyt tithau?
Tyn dy gleddau gyda'r gwan.
Anghrediniaeth, cilia o'r llwybr,
Phery'r frwydyr ddim yn hir;
Er mai eiddil yw fy enw,
Eto i gyd 'rwy'n ennill tir.

DAFYDD WILLIAM, LLANDEILO FACH, 1720-1794

Lah F♯ Doh A | 87. 87. D | W.P. Roberts.

l, :– :t,	d :m :–	t, :– :d	t, :l, :–	t, :– :d	r :– :t,
m, :– :m,	l, :l, :–	l, :– :l,	se, :l, :–	se, :– :l,	l, :– :se,
d :– :r	m :m :–	f :– :m	m.r :d :–	m :– :m	f :– :m
l, :– :l,	l, :d, :–	r, :– :d,.r,	m, :l, :–	m, :– :l,	r, :– :m,

d :– :r	m :– :– ‖	l, :– :t,	d :m :–	t, :– :d	t, :l, :–
l, :– :l,	t, :– :– ‖	l, :– :se,	l, :l, :–	l, :– :l,	se, :l, :–
m :– :l	se :– :– ‖	m :– :m	m :m :–	f :– :m	m.r :d :–
l, :– :f,	m, :– :– ‖	d :– :t,	l, :d, :–	r, :– :d,.r,	m, :l, :–

E. t. | | | | f. A. |

(m)l :– :t	d' :– :r'	d' :– :t	l :– :– ‖	(l)m :– :m	f :f :–
(s,)d :– :m	m :l :f	m :– :m.r	d :– :– ‖	(f)d :– :d	d :d :–
(m)l :– :se	l :d' :t.l	l :– :se	l :– :– ‖	(d')s :– :s	l :f :–
(d)f :– :m	l :f :r	m :– :m	l, :– :– ‖	(f)d :– :d	f, :l, :–

s :– :f	f :m :–	m :– :m	r :– :d	t, :– :l,	t, :– :– ‖	l, :– :t,
t, :– :t,	t, :d :–	d :– :l,	l, :se, :l,	m, :– :l,	se, :– :– ‖	m, :– :m,
r :– :s	s :s :–	d :– :m	m :– :m	m :r :d	m :– :– ‖	d :– :r
s, :– :s,	s, :d :–	l, :– :d	t, :– :l,	se, :– :l,	m, :– :– ‖	l, :– :l,

d :m :–	d :– :r	m :s :–	m :l, :t,	d :– :r	d :– :t,	l, :– :– ‖
l, :l, :–	s, :– :s,	d :d :–	m :l, :t,	d :– :l,	l, :– :se,	l, :– :– ‖
m :m :–	m :– :f	s :s :–	m :l, :t,	d :m :f	m :– :m.r	d :– :– ‖
l, :d :–	d :– :d	d :m :–	m :l, :t,	d :l, :r,	m, :– :m,	l, :– :– ‖

l	l
f	m
r	de
r,	l

A - men.

1. *Disbelief, get thee behind me,*
   Otherwise I'll raise a cry
   From the depths where I am lying,
   That will go to heaven itself.
   There my brother pleadeth for me,
   He forgets me night nor day;
   He'll release me from my shackles,
   He will free each captive soul.

2. *Little faith, where art thou lurking?*
   Build up courage, play thy part.
   Feeble hope, where art thou also?
   Draw thy sword, and help the weak.
   Disbelief, get from my pathway,
   Battle time will be but short;
   Even though my name is feeble,
   Nonetheless I'm gaining ground.

2. Penparc

M.B. J. T. Rees

1\. Ai am fy meiau i
Dioddefodd Iesu mawr,
Pan ddaeth yng ngrym ei gariad Ef
O entrych nef i lawr?

2\. Cyflawnai'r gyfraith bur,
Cyfiawnder gafodd Iawn;
A'r ddyled fawr, er cymaint oedd,
A dalodd Ef yn llawn.

3\. Dioddefodd angau loes,
Yn ufudd ar y bryn;
A'i waed a ylch yr Ethiop du
Yn lân fel eira gwyn.

4\. Bu'n angau i'n hangau ni
Wrth farw ar y pren;
A thrwy ei waed y dygir llu,
Trwy angau, i'r nefoedd wen.

5\. Pan grymodd Iesu ei ben,
Wrth farw yn ein lle,
Agorodd ffordd, pan rwygai'r llen,
I bur drigfannau'r ne'.

6\. Gorchfygodd uffern ddu,
Gwnaeth ben y sarff yn friw;
O'r carchar caeth y dygir llu,
Trwy ras, i deulu Duw.

John Elias, 1774-1841

Doh G M.B. J.T. Rees.

d :d .d	d :d	t, :–	d :l,.d	d :t,	d :–
s, :s,.s,	l, :fe,	se, :–	l, :m,.f,	s, :f,	m, :–
m :m .m	m :re	m :–	d :d .r	m :r	d :–
d :d .d	l, :l,	m, :–	l, :d .l,	s, :s,	d :–

m :m.m	m :m	m :f	r :–	m :r .f	d :r	d :–	d	d
d :d.d	t, :r	d :d	t, :–	d :l,.l,	s, :t,	d :–	l,	s,
s :s.s	se :t	l :l	s :–	s :f .r	m :f	m :–	f	m
d :d.d	m :se,	l, :f,	s, :–	d :f,.f,	s, :s,	d, :–	f,	d,

A-men.

1. *Was it for my own sins*
That Jesus suffered so,
When He came down to earth from heaven
By power of God's love?

2. *The law was then fulfilled*
And justice won the day;
Great was the debt, but even so
It was repaid in full.

3. *He suffered pain of death*
Willingly on the hill;
His blood will wash the blackest soul,
As white as driven snow.

4. *He suffered for us all*
By dying on the cross;
And by his blood a throng will go,
Through death, to glorious heaven.

5. *When Jesus bowed his head*
By dying in our place,
He showed the way – the curtains tore –
To the pure realms of heaven.

6. *He conquered darkest hell,*
He slew the serpent's head;
Through grace, the prisoners will be freed,
One family in God.

M.C.

3. Penmachno

T.Hopkin Evans

1. Ar fôr tymhestlog teithio 'rwyf
   I fyd sydd well i fyw,
   Gan wenu ar ei stormydd oll –
   Fy Nhad sydd wrth y llyw.

2. Drwy leoedd geirwon, enbyd iawn,
   A rhwystrau o bob rhyw,
   Y'm dygwyd eisoes ar fy nhaith –
   Fy Nhad sydd wrth y llyw.

3. Er cael fy nhaflu o don i don,
   Nes ofni bron cael byw,
   Dihangol ydwyf hyd yn hyn –
   Fy Nhad sydd wrth y llyw.

4. Ac os oes stormydd mwy yn ôl,
   Ynghadw gan fy Nuw,
   Wynebaf arnynt oll yn hy –
   Fy Nhad sydd wrth y llyw.

5. A phan fo'u hymchwydd yn cryfhau,
   Fy angor, sicr yw;
   Dof yn ddiogel trwyddynt oll –
   Fy Nhad sydd wrth y llyw.

6. I mewn i'r porthladd tawel clyd,
   O sŵn y storm a'i chlyw,
   Y caf fynediad llon ryw ddydd –
   Fy Nhad sydd wrth y llyw.

Evan Evans (Ieuan Glan Geirionydd), 1795-1855

Doh G M.C. T. Hopkin Evans.

```
:s, |m  :–  :d   |d  :t,    :d   |r  :m  :f  |m  :–  :r   |s  :m  :d     |
:s, |s, :–  :l,  |s, :–.f,  :m,  |l, :s, :s, |s, :–  :l,  |s, :–  :l,.s, |
:s, |d  :–  :d.r |m  :r     :d   |d  :–  :t, |d  :–  :f.m |r  :m  :m     |
:s, |d  :m, :f,  |s, :–     :l,  |f, :s, :s, |d, :–  :d   |t, :d  :l,    |

|l, :–.t, :d       |t, :– ||s, |r  :–   :t, |d  :r  :m   |f  :m  :r  |
|s, :fe,  :m,.fe,  |s, :– ||s, |s, :–   :s, |s, :–  :s,  |t, :d  :t, |
|r  :–    :r       |r  :– ||s, |t, :–   :r  |d  :t, :d.m |s  :–  :s  |
|r  :–    :r,      |s, :– ||s, |s, :fe, :f, |m, :s, :d   |r  :m  :f  |

|s :– :d              |l  :–  :f.r  |d  :m  :r  |d  :–            ||d  |d            ||
|d :– :d              |d  :–  :d.l, |s, :l, :t, |{ d / s,  :– }   ||l, |s,           ||
|s :– :d              |f  :l  :l.f  |m  :s  :f  |m  :–            ||f  |m            ||
|m :– :d { f / f, :– } :f,          |s, :–  :s, |{ d / d,  :– }   ||f, |{ d / d, }   ||
                                                                          A - men.
```

1. *I voyage on a troubled sea*
   Seeking a better world,
   Smiling at all the storms around –
   My Father's at the helm.

2. *Through places rough and treacherous,*
   Through hazards of all sorts,
   I've passed already on my way –
   My Father's at the helm.

3. *Although I'm cast from wave to wave,*
   Till fearful for my life,
   Till now I have escaped all ills –
   My Father's at the helm.

4. *And if e'en greater storms remain*
   In keeping by my God,
   With courage I shall each one face –
   My Father's at the helm.

5. *And when the swell gets stronger still,*
   He is my anchor sure;
   I shall emerge in safety sound –
   My Father's at the helm.

6. *Into the harbour calm and still,*
   Far from the noise of storms,
   I'll enter happily one day –
   My Father's at the helm.

87.87.D

4. Arwelfa

John Hughes

1. Arglwydd, gad im dawel orffwys
Dan gysgodau'r palmwydd clyd,
Lle yr eistedd pererinion
Ar eu ffordd i'r nefol fyd;
Lle'r adroddant dy ffyddlondeb
Iddynt yn yr anial cras,
Nes anghofio'u cyfyngderau
Wrth foliannu nerth dy ras.

2. O! mor hoff yw cwmni'r brodyr
Sydd â'u hwyneb tua'r wlad,
Heb un tafod yn gwenieithio –
Heb un fron yn meithrin brad:
Gwlith y nefoedd ar eu profiad,
Atsain hyder yn eu hiaith;
Teimlant hiraeth am eu cartref,
Carant sôn am ben eu taith.

3. Arglwydd, dal ni nes mynd adref,
Nid yw'r llwybr eto'n faith;
Gwened heulwen ar ein henaid,
Wrth nesáu at ben y daith;
Doed y nefol awel dyner
I'n cyfarfod yn y glyn,
Nes in deimlo'n traed yn sengi
Ar uchelder Seion fryn.

WILLIAM AMBROSE (EMRYS), 1813-1873

Doh A♭ 87. 87. D John Hughes.

s, :– :s,	l, :s, :d	m :– :r	r :d :–	t, :d :r	d :– :l,	s, :– :s,
m, :– :m,	f, :s, :m,	s, :– :f,	f, :m, :–	s, :– :t,	l, :s, :f,	r, :m, :f,
d :– :d	d :– :d	d :– :t,	d :d :–	r :m :f	m :– :d	t, :d :r
d, :– :d,	f, :m, :d,	s, :– :s,	d, :d, :–	s, :– :s,	l, :m, :f,	s, :– :s,

E♭. t.

s, :– :–		s, :– :s,	l, :s, :d	m :– :r	r :d :–	[d]f :m :r	s :– :m
m, :– :–		m, :– :m,	f, :s, :m,	s, :d :t,	t, :l, :–	[l,]r :d :t,	d :– :d
d :– :–		d :– :d	d :– :d	d :s :f	f :m :–	[m]l :s :s	s :– :s
d, :– :–		d, :– :d,	f, :m, :d,	s, :– :s,	s, :l, :–	[l,]r :s :f	m :– :d

f. A♭.

m :– :r	d :– :–		[m]t, :d :r	r :d :t,	d :– :r	m :m :–
d :l, :t,	d :– :–		[d]s, :– :s,	s, :– :s,	s, :– :s,	s, :s, :–
l :s :f	m :– :–		[s]r :m :f	f :m :r	d :– :t,	d :d :–
f, :– :s,	d :– :–		[d]s, :– :s,	s, :– :f,	m, :– :s,	d :d :–

m :– :m	m :r :d	r :– :m	f :– :–		r :m :f	s :– :m	
d :– :t,	l, :se, :l,	l, :– :l,	l, :– :–		t, :d :t,	d :– :d	
m :l :se	l :m :m	r :– :de	r :– :–		s :– :s	s :– :s	
l, :m :r	d :t, :l,	f, :– :l,	r :– :–		s, :d :r	m :– :d	

m :f :s	l :l :–	s :f :m	m :r :d	d :– :t,	d :– :–		d	d	
d :t, :d	d :d :–	d :t, :d	l, :– :l,	s, :– :s,	s, :– :–		l,	s,	
s :– :s	f :f :–	s :– :s	s :f :d.r	m :r :f	m :– :–		f	m	
d :r :m	f :f :–	m :r :d	f, :– :f,	s, :– :s,	d, :– :–		f,	d,	

A-men.

1. *Lord, lead me to peaceful slumber*
In the shadow of the palms,
Where the pilgrims sit at leisure
As they seek the heavenly land;
Where thy steadfastness is legend
For Thou help'st them on their way,
And they all forget their anguish
As they praise thy strength and grace.

2. *Sweet companionship of brothers*
As they face the promised land,
Not one tongue does utter falsehood,
Not a heart bears treachery:
Dew of heaven crowns their efforts,
All their words resound with faith;
They are longing for their homeland,
And discuss the journey's end.

3. *Lord! O guide us to our homeland,*
There is not so far to go;
May the sun shine on our souls, Lord,
As we near the journey's end;
May the gentle breath of heaven
Come to meet us in the vale,
Till we reach the heights of Zion,
Solid ground beneath our feet.

87.87.D

5. In Memoriam

Caradog Roberts

Lah E Doh G 87. 87. D Caradog Roberts.

```
|d  :d  |d  :-.t, |l,  :se, |t,  :l,  |m  :m  |m  :-.r  |d  :r  |t,  :-  ||
|l, :s, |f, :-.f, |m,  :m,  |se, :l,  |d  :t, |l, :-.l, |l, :l, |se, :-  ||
|m  :m  |r  :-.r  |d   :t,  |r   :d   |m  :m  |f  :-.f  |m  :f  |m   :-  ||
|l, :l, |r, :-.r, |m,  :m,  |l,  :l,  |l, :s, |f, :-.f, |l, :r, |m,  :-  ||

|d  :d  |d  :-.t, |l,  :se, |t,  :l,  |m  :r  |s  :-.d  |r  :m  |d   :-  ||
|l, :s, |f, :-.f, |m,  :m,  |se, :l,  |d  :t, |d  :-.d  |l, :t, |d   :-  ||
|m  :m  |r  :-.r  |d   :t,  |r   :d   |s  :s  |s  :-.m  |f  :f  |m   :-  ||
|l, :l, |r, :-.r, |m,  :m,  |l,  :l,  |s, :f, |m, :-.l, |f, :s, |d   :-  ||

|m  :m  |m   :-.m  |m  :m    |m  :m  |s  :s  |s  :-.s |s  :s   |s  :-  ||
|m  :m  |se, :-.l, |r  :d    |d  :t, |s  :s  |t, :-.d |f  :m   |r  :-  ||
|m  :m  |m   :-.m  |se :l    |l  :se |s  :s  |s  :-.s |t  :d'  |t  :-  ||
|m  :m  |r   :-.d  |t, :l,.d |m  :m  |s  :s  |f  :-.m |r  :d.m |s  :-  ||

|m  :m  |l  :-.l |s  :f  |m  :r  |d  :d  |d  :-.t, |l, :se   |l, :-  ||l,  |l,  ||
|m  :m  |d  :-.d |d  :t, |d  :t, |l, :s, |f, :-.f, |m, :m    |m, :-  ||f,  |m,  ||
|m  :m  |f  :-.f |s  :s  |s  :f  |m  :m  |r  :-.r  |d  :t,.r |d  :-  ||r   |de  ||
|m  :m  |f  :-.f |m  :r  |d  :s, |l, :l, |r, :-.r, |m, :m,   |l, :-  ||r,  |l,  ||
```

A - men.

1. Arglwydd Iesu, arwain f'enaid
   At y Graig sydd uwch na mi,
   Craig safadwy mewn tymhestloedd,
   Craig a ddeil yng ngrym y lli;
   Llechu wnaf yng Nghraig yr Oesoedd,
   Deued dilyw, deued tân,
   A phan chwalo'r greadigaeth,
   Craig yr Oesoedd fydd fy nghân.

1. O Lord Jesus, lead my spirit
To the Rock high up above,
Rock which stands through all the tempests,
Rock which bears the ocean's wrath;
Rock of Ages, give me shelter –
Be there flooding, be there fire,
When creation turns to rubble,
Rock of Ages be my song.

2. Pan fo creigiau'r byd yn rhwygo
   Yn rhyferthwy'r farn a ddaw,
   Stormydd creulon arna i'n curo –
   Cedyrn fyrdd o'm cylch mewn braw,
   Craig yr Oesoedd ddeil pryd hynny,
   Yn y dyfroedd, yn y tân:
   Draw ar gefnfor tragwyddoldeb
   Craig yr Oesoedd fydd fy nghân.

3. Worldly rocks will tear assunder
In the awe of judgement day,
Angry storms will beat around me,
And strong men will fall in dread.
Rock of Ages never weakens,
In the face of fire or flood:
On the everlasting ocean
Rock of Ages be my song.

Samuel Jonathan Griffith (Morswyn), 1850-1893

M.C. # 6. Godre'r Coed

Matthew W.Davies

1. Ar yrfa bywyd yn y byd,
   A'i throeon enbyd hi –
   O ddydd i ddydd addawodd Ef
   Oleuni'r nef i ni.

2. Fy enaid, dring o riw i riw,
   Heb ofni briw na haint;
   Yn ôl dy ddydd y bydd dy nerth
   Ar lwybrau serth y saint.

3. Y bywyd uchel wêl ei waith
   Ar hyd ei daith bob dydd;
   A'r sawl yn Nuw a ymgryfha
   A gaiff orffwysfa'r ffydd.

4. O ddydd i ddydd ei hedd a ddaw,
   Fel gwlith ar ddistaw ddôl:
   A da y gŵyr ei galon ef
   Fod gorau'r nef yn ôl.

5. Wel, gorfoledded teulu'r ffydd
   Yn llafar iawn eu llef,
   Cyhoedded pawb o ddydd i ddydd
   Ei iachawdwriaeth Ef.

JOHN THOMAS JOB, 1867-1938

Doh A♭ M.C. Matthew W. Davies.

```
:d | s :— :m | m :— :r  | d :— :f  | m :— :r  | d  :— :d  | m  :l, :r  | r  :— ||
:d | d :— :d | t,:— :t, | d :— :t, | d :— :t, | l, :— :l, | d  :— :d   | t, :— ||
:m | s :— :s | s :— :s  | s :— :s  | s :— :f  | m  :— :s  | fe :— :fe  | s  :— ||
:d | m :— :d | f :— :f  | m :— :r  | d :— :s, | l, :— :l, | r, :— :r,  | s, :— ||
```

```
:r  | m :— :m  | f :— :f   | s :—  :s  | l :— :r  | s  :m :d   | d  :l, :t, | d  :— || d  | d  ||
:t, | d :— :d  | t,:— :t,  | d :—  :d  | d :— :l, | d  :— :s,  | f, :— :s,  | s, :— || l, | s, ||
:s  | s :— :s  | s :— :s   | s :ta :ta | l :— :f  | m  :s :m   | r  :— :f   | m  :— || f  | m  ||
:s, | d :s, :d | r :s, :r  | m :d  :m  | f :— :f, | s, :— :s,  | s, :— :s,  | d, :— || f, | d, ||
```

A-men.

1. *Throughout life's journey in the world,*
   With all its twists and turns –
   From day to day He pledged to give
   The light of heaven to us.

2. *My soul, O climb from hill to hill,*
   Fear not for hurt nor plague;
   New strength each day will lead thee o'er
   The steep paths of the saints.

3. *The worthy life will see its work*
   Each day upon its way;
   And those who seek the strength of God
   Will find the rest of faith.

4. *From day to day his peace shall fall*
   Like dew on meadows still:
   And well he knows within his heart
   The best is yet to come.

5. *Rejoice, the family of faith,*
   Aloud and with one voice,
   Let all proclaim from day to day
   The saving grace of God.

73.73.77.73.73.

7. Cymod

John Thomas

1. Caed trefn i faddau pechod
   Yn yr Iawn:
   Mae iachawdwriaeth barod
   Yn yr Iawn:
   Mae'r ddeddf o dan ei choron,
   Cyfiawnder yn dweud, Digon!
   A'r Tad yn gweiddi, Bodlon!
   Yn yr Iawn;
   A Diolch byth, medd Seion,
   Am yr Iawn.

2. Yn awr hen deulu'r gollfarn,
   Llawenhawn;
   Mae'n cymorth ar Un cadarn,
   Llawenhawn:
   Mae galwad heddiw ato,
   A bythol fywyd ynddo;
   Ni chollir neb a gredo,
   Llawenhawn;
   Gan lwyr ymroddi iddo,
   Llawenhawn.

William Williams (Gwilym Cyfeiliog), 1801-1876

Lah A Doh C 73. 73. 77. 73. 73. John Thomas.

```
:m |l   :-.l :d'.t  |l .t :m.l:se|l  :- ||t  |d'  :-.d':m'.r' |
:m |m   :-.m :l .se |l .f :m  :m |m  :- ||s  |s   :-.s :s .f  |
:m |d'  :-.d':m'.r' |d'.r':d' :t |d' :- ||r' |m'  :-.m':d'.t  |
:m |l,  :-.l,:l .m  |f .r :m  :m |l  :- ||s  |d.d':-.d':d'.s  |

|d'.r':s.d':t |d' :- ||:d' |m' :-.m':r'.d'|d'    :t  :t  |
|m .f :m   :r |m  :- ||:m  |s  :-.s :f .m |s     :s  :se |
|d'.l :s   :s |s  :- ||:s  |d' :-.d':t .d'|m'.r' :r' :m' |
|l .f :s   :s |d  :- ||:d  |d' :-.d':s .l |s     :s  :m  |

|d' :-.d':t .l  |r' :r' ||t  |d' :-.l:d'.l |m'  :m'  :r' .d' |
|l  :-.l :se.l  |l  :l  ||se |l  :-.l:d'.l |se  :se  :t .l   |
|m' :-.m':r' .d'|f' :f' ||m' |m' :-.l:d'.l |t   :t   :m' .m' |
|l  :-.l :m .f  |r  :r  ||m  |l  :-.l:d'.l |m   :m   :se.l   |

      ://:
|r' :- :d'.t  |d' :- ||l     |f' :-.f':m'.r' |m'.l :d' :t  |l  :- ||
|se :- :l .se |l  :- ||l     |l  :-.l :l .l  |l .l :l  :se |l  :- ||
|m' :- :m'.m' |m' :- ||r'.de'|r' :-.t :m'.f' |m'.f':m' :r' |d' :- ||
|t  :- :m .m  |l  :- ||f .m  |r  :-.r :d .t, |d .r :m  :m  |l, :- ||

|l  |l   ||
|f  |m   ||
|r' |de' ||
|r  |l,  ||
A-men.
```

1. *There is atonement for us*
In the Just:
There is salvation for us
In the Just:
The law holds up its sceptre,
The scales of justice evened,
And satisfied the Father,
In the Just;
And let's be thankful, Zion,
For the Just.

2. *Old victims of injustice,*
Let's rejoice;
We have his strength to hold us,
Let's rejoice:
There is today a calling,
To life eternal in Him;
For all who trust in Jesus,
Let's rejoice;
With absolute devotion,
Let's rejoice.

65.65.

8. Llys Aeron

L.J.Roberts

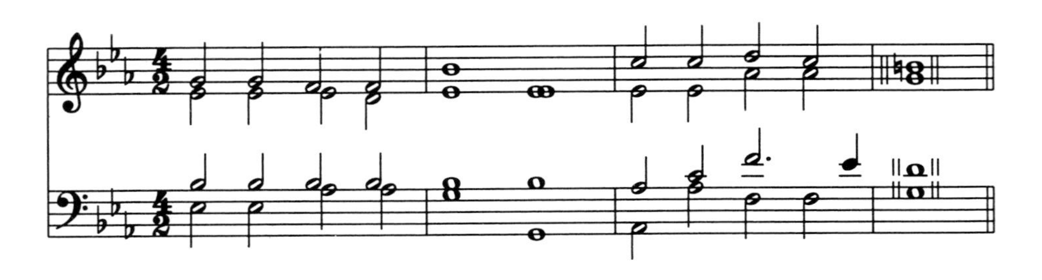

1. Canaf yn y bore,
 Am dy ofal cu;
 Drwy yr hirnos dywyll
 Gwyliaist trosof fi.

2. Diolch iti, Arglwydd,
 Nid ateliaist ddim;
 Cysgod, bwyd a dillad,
 Ti a'u rhoddaist im.

3. Cadw fi'n ddiogel
 Beunydd ar fy nhaith;
 Arwain fi mewn chwarae,
 Arwain fi mewn gwaith.

4. Boed fy ngwaith yn onest,
 Rho im galon bur;
 Nertha fi i ddewis
 Rhwng y gau a'r gwir.

5. Diolch iti, Arglwydd,
 Yw fy llawen gân;
 Canaf hyd nes cyrraedd
 Broydd Gwynfa lân.

WILLIAM BRYN DAVIES, 1865-1921

Doh E♭ 65. 65. L.J. Roberts.

```
| m  :m  |r  :r  | s  :-  |d  :-  | l  :l  |t  :l     | se :- |- :- ||
| d  :d  |d  :t, | d  :-  |d  :-  | d  :d  |f  :f     | m  :- |- :- ||
| s  :s  |s  :s  | s  :-  |s  :-  | f  :l  |r' :-.d'  | t  :- |- :- ||
| d  :d  |f  :f  | m  :-  |m, :-  | f, :f  |r  :r     | m  :- |- :- ||

| l  :m  |l  :s  | s:-  |f  :- | m  :d.r |m  :r    | d :- |- :- || f  | m ||
| de:de  |de:de  | m:-  |r  :- | d  :d   |d  :t,   | d :- |- :- || d  | d ||
| l  :l  |l  :l  | l:-  |l  :- | s  :fe  |s  :-.f  | m :- |- :- || l  | s ||
| l, :l, |l, :l, | r:-  |r  :- | s, :l,  |s, :s,   | d :- |- :- || f, | d ||
                                                                   A-men.
```

1. *I sing in the morning,*
   For thy tender care;
   Thou hast kept watch over me
   Through the long, dark night.

2. *I thank Thee, O Father,*
   Thou hast given me
   Shelter, food and clothing:
   All are gifts from Thee.

3. *Keep me safe each morning*
   As I go my way;
   Lead me when I'm working,
   Lead me, Lord, in play.

4. *May my work be honest,*
   Give me a pure heart;
   Give me strength to choose, Lord,
   Twixt the fake and true.

5. *In my song I thank Thee*
   Oh so joyfully;
   Let my song continue
   Till I'm home with Thee.

557.779.

9. Hengoed

Jacob Gabriel

1.
Cenwch i'r Arglwydd,
Cenwch i'r Arglwydd,
Iôr ein hymwared ni yw;
Aed yn beraidd hyd y nef
Aberth moliant iddo Ef:
Bendigedig fo'r Arglwydd, ein Duw.

2.
Moeswch i'r Arglwydd,
Moeswch i'r Arglwydd,
Moeswch ogoniant a nerth;
O'u caethiwed, rhoed yn rhydd
Fyrdd o etifeddion ffydd:
Mawl i enw Preswylydd y berth!

3.
Molwch yr Arglwydd,
Molwch yr Arglwydd,
Molwch yr Arglwydd, ei saint;
Wrth ffynhonnau'r dyfroedd byw,
Gorfoleddед meibion Duw,
Byddant hyfryd, yng ngwynfyd eu braint.

4.
Dychwel i'w Seion,
Dychwel i'w Seion,
Dyrfa aneirif, ryw ddydd;
Bydd llawenydd ar eu pen;
Ac o flaen yr orsedd wen,
Haleliwia dragwyddol a fydd.

JOHN GWILI JENKINS (GWILI), 1872-1936

Doh C 557. 779. Jacob Gabriel.

G. t.

d' :– |s :l |s :f |m :– |f :s |l :r' |d' :– |t :– |d'f :– |m :r |
m :– |s :d |d :t, |d :– |d :m |f :l |s :– |s :– |ml, :– |t, :t, |
s :– |d' :d' |s :– |s :– |d' :– |d' :f' |m' :– |r' :– |d'f :l |s :s |
d :– |m :f |m :r |d :– |l :s |f :r |s :– |s :– |lr :– |s, :f, |

f. C.

s :f |m :r |d :– ||ds :s |m' :r' |d' :s |l :– |t :d' |f' :m' |r' :d' |
d :r |d :t, |d :– ||ds :s |s :s.f |m :s |f :– |s :s |f :s |l :l |
s :l |s :f |m :– ||ds :s |d' :t |d' :d' |d' :– |r' :d' |r' :de' |r' :r' |
m, :f, |s, :s, |d :– ||ds :s |d' :s |l :m |f :– |f :m |r :m |f :fe |

d' :t |d' :r' |m' :– |d' :s |l :r' |d' :t |d' :– || d' | d' ||
s :– |m :s |s :– |s :m |f :l |s :f |m :– || f | m ||
r' :– |d' :t |d' :– |d' :d' |d' :f' |m' :r' |d' :– || l | s ||
s :– |l :s |d' :– |m :d |f :r |s :s |d :– || f | d ||

A - men.

1\.
Sing to the Lord,
Sing to the Lord,
Lord, our Redeemer, is He;
Lift sweet voices to the heavens,
Sacrificial songs of praise:
Blessed be our Redeemer, the Lord.

2\.
Give to the Lord,
Give to the Lord,
Give Him all glory and strength;
Free the faithful from their bonds,
Liberate each captive soul:
O praise be to the Lord of the burning bush.

3\.
Praise ye the Lord,
Praise ye the Lord,
Ye saints, O praise ye the Lord;
O rejoice, ye sons of God
By the waters clean and pure,
And enjoy all the privileges of heaven.

4\.
One day to Zion,
One day to Zion,
A countless throng will return;
Joy will rain upon their heads
As they sing before God's throne
'Hallelujah', eternally to Him.

76.76.D

10. Mannheim

Hans Leo Hassler
Tr. J.S.Bach

1. Cof am y cyfiawn Iesu,
Y Person mwyaf hardd,
A'r noswaith drom anesmwyth
Bu'n chwysu yn yr ardd;
A'i chwys yn ddafnau cochion
Yn syrthio ar y llawr:
Bydd canu am ei gariad
I dragwyddoldeb mawr.

2. Cof am y llu o filwyr
Â'u gwaywffyn yn dod
I ddal yr Oen diniwed
Na wnaethai gam erioed:
Gwrandewch y geiriau ddwedodd,
(Pwy allsai ond Efe?)
'Gadewch i'r rhain fynd ymaith,
Cymerwch Fi'n eu lle.'

3. Cof am yr wyneb siriol,
Y poerwyd arno'n wir;
Cof am y cefen gwerthfawr,
Lle'r arddwyd cwysau hir;
O! annwyl Arglwydd Iesu,
Boed grym dy gariad pur
Yn torri 'nghalon galed
Wrth gofio am dy gur.

William Lewis, Llangloffan, *fl.* 1786-1794

Doh C 76. 76. D Hans Leo Hassler, *Tr.* J.S. Bach.

```
:m |l   :s   |f    :m   |r   :-  |m  ||t  |d'   :d'    |t.l :t
:d |d   :d   |d.r  :r.d |d   :t, |d  ||r  |d.r  :m     |m   :m.r
:s |f   :s   |l.s  :s   |l   :s  |s  ||se |m    :l     |l   :se
:d |f   :m   |l,.t,:d   |f,  :s, |d  ||t, |l,.t,:d.r   |m  {:m  :m,}
```

D.C.

```
|l  :-  |-  ||d'   |t.l   :s   |l   :t   |d'  :-   |d'  ||s  |
|d  :-  |-  ||l.s  |f     :m.r |d   :f   |f   :m.r |m   ||m  |
|l  :-  |-  ||m'   |r'.d' :t   |l.s :f.s |l   :s.f |s   ||d' |
|l, :-  |-  ||l    |r     :m   |f.m :r   |d   :-   |d   ||d  |
```

G. t.

```
|l  :s     |f   :f   |m  :- |-  ||d'f   |m.f :s    |f     :m
|f  :m     |m   :r   |de :- |-  ||r s,  |s,  :s,   |l,    :s,
|d' :d'.t  |l   :l   |l  :- |-  ||l r   |d   :d.t, |d.r   :m.d
|f  :d     |r.m :f.s |l  :- |-  ||fe,t, |d   :m,   |l,.t, :d
```

f. C.

```
|r      :-  |m  ||l,m    |f    :m  |r  :s   |m  :-  |-  ||f  |m  ||
|l,     :s, |s, ||f,d    |d.t, :d  |d  :t,  |d  :-  |-  ||d  |d  ||
|l,.r   :t, |d  ||d s    |f    :s  |l  :r.s |s  :-  |-  ||l  |s  ||
|f,     :s, |d, ||f,d.t, |l,   :s, |f, :s,  |d  :-  |-  ||f, |d  ||
```

A - men.

1. *Recall the just Lord Jesus,*
A Person most superb,
Who sweated in that garden,
One dark, oppressive night;
His sweat in drops of red blood
Was trickling to the ground:
There'll be eternal singing
For such a love as this.

2. *Recall the host of soldiers*
Who came, with spears in hand,
To seize the Lamb so gentle
Who had not sinned at all:
O hark the words He uttered,
Who other could but He?
'Give freedom to these sinners,
And take me in their place.'

3. *Recall that peaceful Person*
Whose face was spat upon;
Recall that precious fine back
Which bore the weals of pain;
Oh! dearest Lord Jesus,
May thine all-powerful love
Break my unfeeling, hard heart
In memory of thy pain.

10 10.10 10.

11. Navarre

Salmydd Genefa

1. Cyn llunio'r byd, cyn lledu'r nefoedd wen,
Cyn gosod haul, na lloer, na sêr uwchben,
Fe drefnwyd ffordd yng nghyngor Tri yn Un
I achub gwael golledig euog ddyn.

2. Trysorwyd gras, ryw annherfynol stôr,
Yn Iesu Grist cyn rhoddi deddf i'r môr;
A rhedeg wnaeth bendithion arfaeth ddrud,
Fel afon gref lifeiriol dros y byd.

3. Mae'r utgorn mawr yn seinio'n awr i ni
Ollyngdod llawn trwy'r Iawn ar Galfari:
Mawl ym mhob iaith trwy'r ddaear faith a fydd,
Am angau'r groes, a'r gwaed a'n rhoes yn rhydd.

PETER JONES (PEDR FARDD), 1775-1845

Doh G 10 10. 10 10. **Salmydd Genefa.**

d :- |r :m | f :- |m :- | r :d |d :t, | d :- |- :- ||
s, :- |t, :d | d :- |d :- | t, :l, |l, :s, | s, :- |- :- ||
m :- |s :s | l :- |s :- | s :m |r :r | m :- |- :- ||
d :- |s, :d | f, :- |d :- | s, :l, |f, :s, | d, :- |- :- ||

m :- |f :s | l :- |s :- | f :m |r :d | r :- |- :- ||
s, :- |d :ta, | l, :t, |d :- | r :d |l, :l, | t, :- |- :- ||
d :- |d :r.m | f :- |s :- | l :s |f :m | s :- |- :- ||
d :-.t, |l, :s, | f, :- |m, :- | r, :m, |f, :l, | s, :- |- :- ||

s :- |s :f | m :- |r :- | m :s |s :fe | s :- |- :- ||
r :- |d :t, | d :- |l, :-.t, | d :r |d :l, | t, :- |- :- ||
r :- |m :f | s :- |l :- | s :s |m :r | r :- |- :- ||
t, :- |d :r | d :- |f :- | m :t, |d :r | s, :- |- :- ||

m :- |r :d | t :d |r :f | m :- |r :- | d :- |- :- || d | d ||
d :- |t, :l, | se, :l, |l, :r | r :d |- :t, | d :- |- :- || l, | s, ||
s :- |s :m | m :m |r :l | s :- |- :s.f | m :- |- :- || f | m ||
d, :- |s, :l, | m, :l, |f, :r, | m, :-.f, |s, :- | d, :- |- :- || f, | d, ||

A-men.

1. *Before the world was founded, or the heavens,*
Before the sun, the moon and stars were placed,
A path was laid by holy Trinity
To save each feeble, lost and sinful soul.

2. *A store of grace eternally was placed*
In Jesus Christ before the seas were ruled;
By God's design his precious blessings flowed
Like a great river flooding the whole world.

3. *The trumpet now absolves each of us*
Through the Atonement made on Calvary;
Each tongue throughout the wide world now shall praise
Christ's agony, the blood that set us free.

87.87.47.

12. Tangnefedd

Olive V.Davies

1. Duw a Thad yr holl genhedloedd,
   O! sancteiddier d'enw mawr;
Dy ewyllys Di a wneler
   Gan dylwythau daear lawr;
      Doed dy deyrnas
   Mewn cyfiawnder ac mewn hedd.

2. Gwasgar Di y rhai sy'n caru
   Rhyfel a'i erchylltra ef;
Rhag ei ddirfawr ddychryniadau
   Dyro waredigaeth gref;
      Tro'r cleddyfau
   Oll yn sychau er dy glod.

3. Mewn trugaredd cofia'r gwledydd,
   O'u blinderau arwain hwy
Yn d'oleuni Di i rodio
   Fel na ddysgont ryfel mwy;
      O! cymoder
   Pawb â'i gilydd wrth y groes.

4. Rhodded pobloedd byd ogoniant
   Fyth i'th enw, Arglwydd Iôr;
Llifed heddwch fel yr afon,
   A chyfiawnder fel y môr;
      Doed dy deyrnas
   Mewn tangnefedd byth heb drai.

DAVID TECWYN EVANS, 1876-1957

Doh E♭ 87. 87. 47. Olive V. Davies.

```
|d  :-.d|s  :s  |l  :s.f|m  :d  |m  :s  |d' :l  |f  :f  |m  :- ||
|d  :-.d|s  :s  |l  :s.f|m  :d  |d  :r  |d  :m  |d  :t, |d  :- ||
|d  :-.d|s  :s  |l  :s.f|m  :d  |s  :s  |l  :d' |l  :s  |s  :- ||
|d  :-.d|s  :s  |l  :s.f|m  :d  |d  :t, |l, :l, |r  :s, |d  :- ||

|m  :s  |l  :-.s|f  :r  |d  :t,   |d  :r  |m  :s  |l  :l  |s  :- ||
|d  :r  |d  :l, |l, :l, |s, :s,   |d  :t, |d  :s, |d  :d  |t, :- ||
|s  :r  |m  :m  |l  :r  |m  :r    |s  :f  |m  :r  |m  :fe |s  :- ||
|d  :t, |l, :d  |r  :f, |s, :-.f, |m, :s, |d  :t, |l, :r  |s, :- ||

                ://:
|r  :d  |f    :m  |f  :m |l    :s  |l  :t  |d' :m  |m  :r  |d  :- || d  | d  ||
|t, :s, |d.t, :d  |d  :m |m.r  :m  |f  :f  |m  :d  |d  :t, |d  :- || l, | s, ||
|s  :s  |l.f  :s  |d' :t |l.t  :d' |d' :t  |l  :fe |s  :f  |m  :- || f  | m  ||
|f  :m  |r    :d  |l  :s |f    :m  |r  :s, |l, :l, |s, :s, |d  :- || f, | d  ||
                                                                      A-men.
```

1. *Lord and Father of all nations,*
   Let us sanctify thy name;
   Let thy wish come to fruition
   By all peoples here on earth;
   Bid thy kingdom
   Come in peace and righteousness.

2. *Scatter those who thrive on warfare*
   Swords and spears and sabres too;
   From war's bitter conflicts save them
   Give them strong deliverance;
   Turn all spears
   Into ploughshares for thy sake.

3. *O remember with compassion*
   All the nations and their griefs,
   Lead them in thy light to wander
   Ne'er again to think of war;
   Reconciler!
   Through the cross unite all men.

4. *May the tribes of all the nations*
   Praise thy name, for ever, Lord;
   May peace flow in one long river,
   Justice spread like one big sea;
   Come thy kindom
   Peace forever without ebb.

88.88.88.

13. Rhyd-y-groes

T.D.Edwards

1. Duw mawr y rhyfeddodau maith!
Rhyfeddol yw pob rhan o'th waith;
Ond dwyfol ras, mwy rhyfedd yw
Na'th holl weithredoedd o bob rhyw.
Pa dduw sy'n maddau fel Tydi
Yn rhad ein holl bechodau ni?

2. O! maddau'r holl gamweddau mawr,
Ac arbed euog lwch y llawr;
Tydi yn unig fedd yr hawl,
Ac ni chaiff arall ran o'r mawl.
Pa dduw sy'n maddau fel Tydi
Yn rhad ein holl bechodau ni?

3. O! boed i'th ras anfeidrol gwiw,
A gwyrth dy gariad mawr, O! Dduw,
Orlenwi'r ddaear faith â'th glod,
Hyd nefoedd, tra bo'r byd yn bod.
Pa dduw sy'n maddau fel Tydi
Yn rhad ein holl bechodau ni?

Samuel Davies, 1723-1768,
***cyfieithiad* John Richard Jones, 1765-1822**

Lah B♭ Doh D♭ 88. 88. 88. T.D. Edwards.

				A♭. t.	
m :m :m	l.,t:d :t.l	l :– :se	l :– :–	ᵐl, :l, :t,	d.,r :m :r
d :m :r	d.,r:m :f	m :– :r	d :– :–	ᵐl, :l, :se,	l,.,t,:d :t,
l :l :se	l :– :t	d' :– :t	l :– :–	ᵈ'f :m :m	m :– :f
l, :d :t,	l, :– :r	m :– :m	l, :– :–	ˡ,r, :d, :m,	l, :– :r,

		f. D♭.			
d :– :t,	l, :– :–	ˡ,m:m :m	l.,t:d' :t.l	l :– :se	l :– :–
l, :– :se,	l, :– :–	ᶠ,d:t, :m.r	d.,r:m :f	m :– :r	d :– :–
m :– :r	d :– :–	ʳl:se :l.se	l :– :t	d' :– :t	l :– :–
m, :– :m,	l, :– :–	ʳl:m.r:d.t,	l, :– :r	m :– :m	f :– :–

				f > > > >		
l:s :f	m:l :t.d'	d' :– :t	l :– :–	m' :d' :m'	r' :– :s	m'.,r':d':r'
d:r :t,	d:m :f	m :– :se	l :– :–	s :s :s	s :– :s	s :– :fe
l:r' :s	s:d' :t.l	l :– :r'	d' :– :–	s :d' :d'	t :– :d'.r'	d'.,r':m':r'
f:t, :r	d:l, :r	m :– :m	l, :– :–	d :m :d	s :– :l.t	d' :– :d'

					:‖:	
r' :– :–	d' :l :d'	t :– :m	m.l :s :fe	m :– :–	l :l :t	d' :– :t
s :– :–	{l/m} :m :ba	se :– :m	m :– :re	m :– :–	m :d :m	m :– :f
r' :– :–	m' :m' :re'	m' :– :se	l.d' :t :l	s :– :–	l :l :se	l :– :r'
t :– :–	l.,t :d' :l	m :– :r	d.l, :t, :t,	m :– :–	d :f :m	l :– :l

	𝄐	*rall.*					
d'.,t :d' :r'	m' :– :d'.r'	m' :– :d'.r'	m' :r' :d'	t :l :se	l :– :–	l	l
m :– :s	s :– :s	s :– :s	s :f :m	f :m :m	m :– :–	f	m
d' :– :t	d' :– :d'.t	d' :– :d'.t	d' :t :d'	r' :d' :t	d' :– :–	r'	de'
l.,se :l :s	d' :– :m.s	d' :– :m.s	d' :s :l	r :m :m	l, :– :–	r	l,

A - men.

1. *Great God of wonders! all thy ways*
Are matchless, god-like, and divine;
But the fair glories of thy grace
More god-like and unrivalled shine.
Who is a pardoning God like Thee?
Or who has grace so rich and free?

2. *O may this strange, this matchless, grace,*
This god-like miracle of love,
Fill the whole earth with grateful praise,
And all the angelic choirs above.
Who is a pardoning God like Thee?
Or who has grace so rich and free?

87.87.D

14. Ebeneser

T.J.Williams

1. Dyma gariad fel y moroedd,
Tosturiaethau fel y lli;
T'wysog Bywyd pur yn marw,
Marw i brynu'n bywyd ni;
Pwy all beidio â chofio amdano?
Pwy all beidio â chanu'i glod?
Dyma gariad nad â'n angof
Tra bo nefoedd wen yn bod.

2. Ar Galfaria yr ymrwygodd
Holl ffynhonnau'r dyfnder mawr;
Torrodd holl argaeau'r nefoedd
Oedd yn gyfan hyd yn awr;
Gras a chariad megis dilyw
Yn ymdywallt yma 'nghyd,
A chyfiawnder pur a heddwch
Yn cusanu euog fyd.

3. O ddyfnderoedd o ddoethineb!
O ddyfnderoedd maith o ras!
O ddirgelion anchwiliadwy,
Bythol uwch eu chwilio i maes!
Mae seraffiaid nef yn edrych
Gyda syndod bob yr un
Ar ddyfnderoedd cariad dwyfol –
Duw yn marw dros y dyn!

William Rees (Gwilym Hiraethog), 1802-1883 (1 a 2)
William Williams, Pantycelyn, 1717-1791 (3)

Lah G Doh B♭ 87. 87. D T.J. Williams.

l, :l, ,t, ,d	t, :l,	t, :t, ,d ,r	d .,t, :l,
m, :m,	se, :l,	se, :se, ,l, ,t,	l, .,se, :l,
d :d ,t, ,l,	m .,r :d	m :m	m .,r :d
l, :l,	m, :f,	m, :m,	l, :l,

D.C.

m :r ,m ,f	m .,r :d	r .,d :t,	l, :–	
s, :s,	s, .,se, :l,	l, :se,	l, :–	
d :t, ,d ,r	d .,r :m	f .,m :r .,m	d :–	
d :s,	d .,t, :l,	r, :m,	l, :–	

m :d ,r ,m	r :r	d :l, ,t, ,d	t, :t,
d :d	t, :t,	l, :l,	se, :se,
s :s	s :f	m :m	m :r
d :m ,r ,d	s, :se,	l, :d ,t, ,l,	m, :m,

l, :l, ,t, ,d	r :r	d :r ,d ,r	m :–	
l, :l, ,t, ,d	t, :t,	d :t, ,l, ,t,	d :–	
d :l, ,t, ,d	s :f	m :s	s :–	
l, :l, ,t, ,d	s, :s,	l, :s,	d :–	

l, :l, ,t, ,d	t, :l,	t, :t, ,d ,r	d .,t, :l,
l :l	se, :l,	se, :se, ,l, ,t,	l, .,se, :l,
m :m	m .,r :d	m :m	m .,r :d
d :d ,t, ,l,	m, :f,	m, :m,	l, :l,

m :r ,m ,f	m .,r :d	r .,d :t,	l, :–		l,	l,	
s, :s,	s, .,se, :l,	l, :se,	l, :–		f,	m,	
d :t, ,d ,r	d .,r :m	f .,m :r .,m	d :–		r	de	
d :s,	d .,t, :l,	r, :m,	l, :–		r,	l_2	

A - men.

1. *Love abounding like the ocean,*
Pity unbounded like the sea;
Prince of life condemned to dying,
Dying so that we be free;
Who can but recall the anguish?
Who can but sing out in praise?
Such a love for e'er remembered
While there is a heaven above.

2. *On Mount Calvary the fountains*
From the depths did burst in rage;
Heaven's defences tore assunder,
All intact until that day;
Grace and mercy, like a deluge,
Flowed together, like a flood,
Peace and justice in one Person
Came to kiss a sinful world.

3. *O what depths of honoured wisdom!*
O what mighty depths of grace!
O what secrets without fathom,
All beyond our human ken!
Even heaven's seraphim are
Full of awe and wonderment
At the depths of God's compassion –
God who died for thee and me.

M.C.

15. Crimond

J.S.Irvine

1. Fy Mugail yw yr Arglwydd Iôr,
   Un eisiau mwy ni ddaw;
   Wrth ddyfroedd tawel gorffwys gaf
   Mewn bras borfeydd gerllaw.

2. Efe a ddychwel f'enaid i;
   Fe'm harwain bob yr awr
   Hyd lwybrau ei gyfiawnder Ef
   Er mwyn ei enw mawr.

3. Glyn cysgod angau yn ddi-ofn
   A rodiwn gyda Thi,
   Cans dy wialen Di a'th ffon,
   Hwy a'm cysurant i.

4. Yng ngŵydd fy ngwrthwynebwyr oll
   Arlwyi 'mord â'th ddawn;
   Eneinio 'mhen ag olew wnei,
   Fy ffiol sydd yn llawn.

5. Daioni a thrugaredd Duw
   A'm canlyn drwy fy nhaith;
   Minnau breswyliaf yn ei dŷ
   I dragwyddoldeb maith.

Simon Bartholomew Jones, 1894-1966

Doh F M.C. Jessie Seymour Irvine.

```
:s, | m  :–  f.,r | s  :–   :f.r | d  :–  :t, | d  :– :m |
:s, | d  :–  t,   | d  :–.t, :l, | s, :l, :s, | s, :– :d |
:s  | s  :–  s    | s  :–   :r.f | m  :f  :r.f| m  :– :s |
:s, | d  :–  r    | m  :m,  :f,  | s, :–  :s, | d  :– :d |

| m  :r  :r  | fe :–  :fe | s  :– || m | m  :f  :m   | r  :– :m |
| s, :–  :t, | l, :t, :d  | t, :– || d | d  :r  :d   | t, :– :d |
| d  :r  :r  | r  :–  :l  | s  :– || s | s  :–  :s   | s  :– :s |
| d  :t, :s, | r, :–  :r, | s, :– || d | d  :t, :d.m | s  :f :m |

| f :s  :f     | m :– :m    | r  :f :l  | d  :– :t, | d  :– || d  | d  ||
| d :t, :r     | d :– :d.t, | l, :– :l, | s, :– :s, | s, :– || l, | s, ||
| l :s  :s     | s :– :s    | f  :r :f  | m  :– :r  | m  :– || f  | m  ||
| r :s, :l,.t, | d :– :m,   | f, :– :r, | s, :– :s, | d  :– || f, | d  ||
```

A-men.

1. *The Lord's my Shepherd, I'll not want,*
He makes me down to lie
In pastures green: He leadeth me
The quiet waters by.

2. *My soul He doth restore again;*
And me to walk doth make
Within the paths of righteousness,
E'en for his own name's sake.

3. *Yea, though I walk in death's dark vale,*
Yet will I fear none ill:
For Thou art with me; and thy rod
And staff me comfort still.

4. *My table Thou hast furnishéd*
In presence of my foes;
My head Thou dost with oil annoint,
And my cup overflows.

5. *Goodness and mercy all my life*
Shall surely follow me:
And in God's house for evermore
My dwelling-place shall be.

(Aralleiriad Saesneg Y *Scottish Psalter,* 1650.
Priodolir y fersiwn gwreiddiol i Francis Rous, 1641.)

16. Theodora

99.99. Alfred Legge

1. Gwawr wedi hirnos, cân wedi loes,
Nerth wedi llesgedd, coron 'rôl croes;
Chwerw dry'n felys, nos fydd yn ddydd,
Cartref 'rôl crwydro, wylo ni bydd.

2. Medi'r cynhaeaf, haul wedi glaw,
Treiddio'r dirgelwch, hedd wedi braw,
Wedi gofidiau, hir lawenhau,
Gorffwys 'rôl lludded, hedd i barhau.

3. Heuir mewn dagrau, medir yn llon,
Cariad sy'n llywio stormydd y don;
Byr ysgafn gystudd, derfydd yn llwyr
Yn y gogoniant ddaw gyda'r hwyr.

4. Farnwr y byw a'r meirw ynghyd,
D'eiddo yw nerthoedd angau a'r byd;
Clod a gogoniant fyddo i Ti,
Ffrind a Gwaredwr oesoedd di-ri'.

5. Anniflanedig gartref ein Duw,
Ninnau nid ofnwn, ynddo cawn fyw,
Byw i gyfiawnder, popeth yn dda,
Byw yn oes oesoedd, Haleliwia.

J.S.B.Monsell, 1811-1875
(1,2) addas.
J.D.Vernon Lewis, 1879-1970
(3,4,5)

Doh E 99. 99. Alfred Legge.

d :r :m	f :– :m	r :m :f	m :– :–	s :s :d	l :– :s
d :d :d	d :– :d	d :d :t,	d :– :–	d :t, :d	d :– :d
m :f :s	l :– :s	l :s :s	s :– :–	m :f :s	f :– :s
d :d :d	d :– :d	f, :s, :s,	d :– :–	d :r :m	f :– :m

t :l :r	s :– :–	r :m :r	r :– :d	f :m :r
r :r :d	t, :– :–	t, :t, :t,	t, :– :d	d :d :t,
s :fe :fe	s :– :–	f :s :f	f :– :m	f :s :s
r :r :r	s, :– :–	s, :s, :s,	d :– :d	l, :s, :f,

s :– :–	d' :t :l	s :f :m	r :d :t,	d :– :–	d	d
d :– :–	d :d :d	d :–.t, :d	l, :s, :s,	s, :– :–	l,	s,
s :– :–	s :s :f	s :– :s	f :m :r	m :– :–	f	m
m, :– :–	m :m :f	m :r :d	f, :s, :s,	d :– :–	f,	d

A - men.

1. *Rest of the weary, joy of sad,*
Hope of the dreary, light of the glad,
Home of the stranger, strength to the end,
Refuge form danger, Saviour and Friend!

2. *Pillow where, lying, love rests its head,*
Peace of the dying, life of the dead,
Path of the lowly, prize at the end,
Breath of the holy, Saviour and Friend!

3. *Sowing with tears, reaping with joy,*
Love's at the helm through storms of the sea;
Life's fleeting anguish soon disappears
In the full splendour of eventide.

4. *Thou art the judge of living and dead,*
Thine are the powers of life and death;
The praise and glory – all are for Thee,
Friend and Redeemer of ages untold.

5. *Home of our Father, always at hand,*
We shall not fear, we shall dwell there,
Justice shall reign and all will be well,
Our life eternal, Hallelujah.

87.87.47.

17. Capel-y-ddôl

J.D.Jones

1. Gwêl uwchlaw cymylau amser,
O! fy enaid, gwêl y tir,
Lle mae'r awel fyth yn dyner.
Lle mae'r wybren fyth yn glir:
Hapus dyrfa
Sydd yn nofio yn ei hedd.

2. Nid oes yno neb yn wylo,
Yno nid oes neb yn brudd,
Troir yn fêl y wermod yno,
Yno rhoir y caeth yn rhydd:
Hapus dyrfa
Sydd â'u trigfa yno mwy.

3. Mae fy nghalon brudd yn llamu
O orfoledd dan fy mron,
Yn y gobaith am feddiannu
'R etifeddiaeth ddwyfol hon:
Hapus dyrfa
Sydd â'u hwyneb tua'r wlad.

William Thomas (Islwyn), 1832-1878

Lah G. Doh B♭ 87. 87. 47. J.D. Jones.

```
:l,.t, |d    :d    :t, .l, |t,   :t,   :d .r   |m    :m .r :d .t,   |l, :– ||
:l,.l, |l,   :l,   :se,.l, |l,   :se,  :m,.s,  |s,   :l,   :l,.se,  |l, :– ||
:d .r  |m    :m    :r  .d  |m    :m    :d .t,  |d    :m .f :m .r    |d  :– ||
:l,.l, |l,   :l,   :m, .f, |m,   :m,   :l,.s,  |d    :d,.r,:m,.m,   |l, :– ||

:l,.t,  |d  :d     :t, .l, |t,  :t,   :d .r    |m     :m .r :d .t,  |l, :– ||
:l,.se, |l, :l,    :se,.l, |l,  :se,  :l,.se,  |l,.t, :d .t,:l,.se, |l, :– ||
:m .r   |d  :m     :r  .d  |m   :m    :m .r,   |d .r  :m .f :m .r   |d  :– ||
:d .t,  |l, :d,.r, :m, .f, |m,  :m.r  :d .t,   |d     :d,.r,:m,.m,  |l, :– ||

                 :||:
:m .m   |r    :r     :d .d   |t,   :t,   :d .t,   |l,   :l,   :r  .d
:s,.s,  |s,   :s,.f, :m,.l,  |l,   :se,  :l,.se,  |l,   :l,   :t, .l,
:d .d   |d    :t,    :d .m   |m    :m    :d .r    |m.f  :m.d  :f  .m
:d .d   |s,   :s,    :l,.l,  |m,   :m,   :l,.t,   |d.r  :d.l, :se,.l,

               :||:
|t,   :–   :d  .r   |m   :m .r  :d  .t,   |l,  :–  ||l, |l, ||
|se,  :–   :l, .t,  |d   :l,    :l, .se,  |l,  :–  ||f, |m, ||
|m    :–   :m  .s   |s   :f     :m  .r    |d   :–  ||r  |de ||
|m,   :–   :l, .s,  |d,  :r,    :m, .m,   |l2  :–  ||r, |l2 ||
```

A - men.

1. *Far beyond the mists eternal,*
Look, my soul, behold the land
Where the air is always gentle,
Where the sky is always clear;
O how joyful
All who swim in its pure peace.

2. *No-one there is ever weeping.*
No-one there is ever sad,
There the bitter shall be sweetness,
There each captive shall be freed.
O how joyful
All who dwell within its doors.

3. *My sad heart is leaping forward,*
Beats the joy within my breast,
In the hope that I shall enter
This inheritance divine:
O how joyful
Those who face the promised land.

87.87.47.

18. Bryntirion

A.H.T.Lutteroth

1. Iesu roes addewid hyfryd,
Cyn ei fynd i ben ei daith,
Yr anfonai Ef ei Ysbryd
I roi bywyd yn ei waith;
Dawn yr Ysbryd,
Digon i'r disgyblion yw.

2. Cofiodd Iesu ei addewid,
A chyflawnodd hi yn awr;
Ar y Sulgwyn daeth yr Ysbryd,
Ac achubwyd tyrfa fawr:
Enw'r Iesu
Gaiff yr holl ogoniant mwy.

3. Mae digonedd cyflawn eto
Yn yr hen addewid wiw;
Boed i ninnau'n awr weddïo
Am ymweliad Ysbryd Duw:
O tywallter
Ef yn helaeth arnom ni.

4. O Lân Ysbryd yr addewid,
Tyred yn dy ddawn di-lyth,
Mae dy ras yn ddigyfnewid,
Gweithia'n rymus yn ein plith;
Deffro'r Eglwys,
Achub, argyhoedda'r byd.

Roger Edwards, 1811-1886

Doh F 87. 87. 47. A.H.T. Lutteroth.

m :– :f	s :– :s	l :– :l	s :m :–	m :– :r	d :– :d
d :– :d	r :– :d	d :– :d.r	m :d :–	d :– :t,	l, :– :d
s :– :f	r :– :m	f :– :f	m :s :–	s :– :s.f	m :– :s
d :– :l,	t, :– :d	f, :– :l,	d :d :–	d :– :s,	l, :– :m,

r :–:r	m :–:–		m :– :f	s :– :s	l :– :l	s :m :–
d :–:t,	d :–:–		d :– :d	t, :– :d.t,	l, :–.t, :d.r	m :d :–
l :–:s	s :–:–		s :– :f	r :– :s	d :– :f	m :s :–
f, :–:s,	d :–:–		d :– :l,	s, :–.f, :m	f, :–.s, :l,.t,	d :d :–

C. t. f. F. :||:

sd' :–:t	l :– :l	l :–:se	l :–:–		taf :m:r	m:–:m	r :d:t,
rs :–:f	m :– :d	f :–:m	m :–:–		sr :d:t,	d:–:d	l, :–:se,
sd' :–:r'	m':d':l	r' :d':t	d' :–:–		taf :–:s	s:–:s	f :m:r
df :m:r	d :– :f	r :–:m	l :–:–		sr :–:s,	d:–:d,	r, :–:m,

d :– :d	r :m :f	m :– :m	r :– :r	d :– :–		d	d	
l, :– :d	d :– :t,	d :– :d	d :– :t,	d :– :–		l,	s,	
m :– :m	l :s :f	s :d :l	r :s :–.f	m :– :–		f	m	
l, :– :l,	f :m :r	d :l, :f,	s, :– :s,	d :– :–		f,	d,	

A-men.

1. *O how wonderful the promise,*
Made by Christ before He died,
That He'd send his Spirit to us
To give life to all his work;
Wondrous Spirit,
Well fulfills his workers' needs.

2. *Jesus did make good his promise,*
Now his prophecy's fulfilled;
On the Pentecost came the Spirit,
And a large crowd was redeemed;
Writ in splendour
Let us glorify his name.

3. *There is still a great abundance*
In the promise Jesus made;
So let us now pray in earnest
That God's Spirit visit us:
May it empty
Its vast blessings down on us.

4. *Holy Spirit that was promised,*
Spread thy virtues over us,
Grace which never fades nor changes,
May its power work in us;
Bring awakening
To thy Church, and save our world.

87.87.47.

19. Price

Daniel Protheroe

1. I Galfaria trof fy wyneb –
Ar Galfaria gwyn fy myd!
Y mae gras ac anfarwoldeb
Yn diferu drosto'i gyd:
Pen Calfaria,
Yno f'enaid gwna dy nyth.

2. Yno clywaf, gyda'r awel,
Gerddi'r nef yn dod i lawr,
Ddysgwyd wrth afonydd Babel
Gynt yng ngwlad y cystudd mawr:
Pen Calfaria
Gydia'r ddaear wrth y nef.

3. Dringo'r mynydd ar fy ngliniau
Geisiaf, heb ddiffygio byth:
Tremiaf trwy gawodydd dagrau
Ar y groes yn union syth:
Pen Calfaria
Dry fy nagrau'n ffrwd o hedd.

Evan Rees (Dyfed), 1850-1923

Lah G Doh B♭ 87. 87. 47. Daniel Protheroe.

```
| l,.se, :l,.t, :d .r   | d       :t,  :-  | l,.m  :m .r  :d .t,   | l,  :- :- ||
| m,.m,  :m,.m, :m,.f,  | m,.ba,  :se, :-  | l,.l, :d .t, :l,.se,  | m,  :- :- ||
| d .r   :m .r  :d .t,  | d .r    :m   :-  | m .m  :f .f  :m .r    | d   :- :- ||
| l,.t,  :d .t, :l,.se, | l,      :m,  :r, | d,.d, :r,.r, :m,.m,   | l2  :- :- ||
```

```
| l,.se, :l,.t, :d .r   | d       :t,  :-  | l,.m  :m .r  :d .t,   | l,  :- ||
| m,.m,  :m,.m, :m,.f,  | m,.ba,  :se, :-  | l,.l, :d .t, :l,.se,  | m,  :- ||
| d .r   :m .r  :d .t,  | d .r    :m   :-  | m .m  :f .f  :m .r    | d   :- ||
| l,.t,  :d .t, :l,.se, | l,      :m,  :r, | d,.d, :r,.r, :m,.m,   | l2  :- ||
```

```
                 :||:
:t,  .t,   | d  :d  :r .r   | m :m :r .d   | t,  .l, :r  :t,   | l, :- :- || l, | l,  ||
:se, .se,  | l, :l, :t,.t,  | d :d :t,.l,  | se, .l, :l, :se,  | l, :- :- || f, | m,  ||
:m   .m    | m  :m  :s .s   | s :s :s .m   | m   .d  :f  :m.r  | d  :- :- || r  | de  ||
:m,  .m,   | l, :l, :s,.s,  | d :d :s,.l,  | m,  .f, :r, :m,   | l2 :- :- || r, | l2  ||
                                                                               A-men.
```

1. *I to Calvary turn my visage,*
   I on Calvary long to be!
   Precious grace and life eternal
   Freely flow in steady stream:
   Blessed Calvary,
   There my soul will make its nest.

2. *Wafting on the breath of heaven,*
   Hear the songs descend to us,
   Learned by Babylonia's rivers,
   In oppression long ago:
   Blessed Calvary,
   Thou hast forged both heaven and earth.

3. *I will try to climb the mountain*
   On my knees, without a flinch:
   And I peer through clouds of tears
   At the cross ahead of us:
   Blessed Calvary,
   Turn my tears to streams of peace.

20. Yr Hen Ganfed

Salmydd Genefa

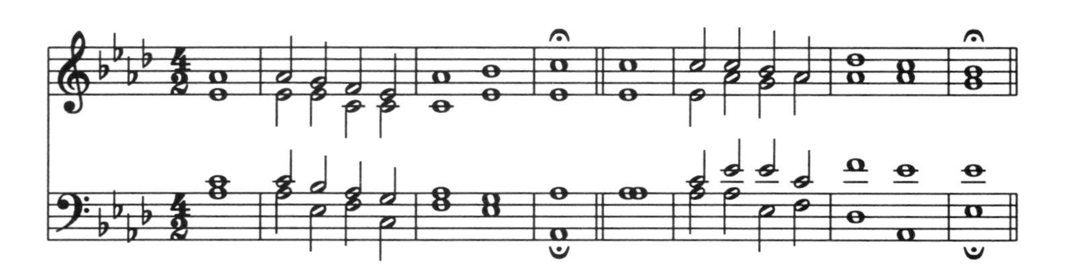

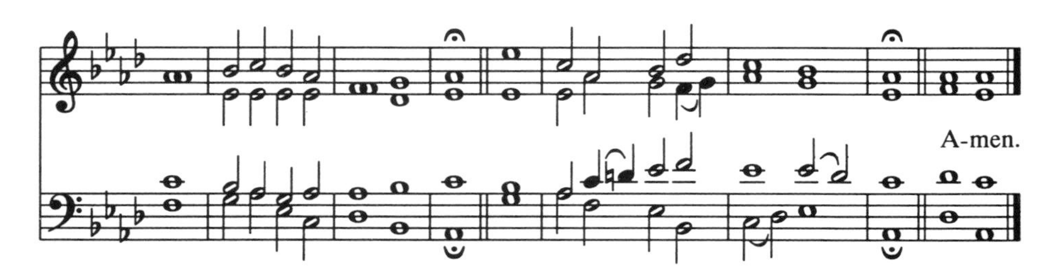

1. I'r Arglwydd cenwch lafar glod,
   A gwnewch ufudd-dod llawen fryd;
   Dowch o flaen Duw â pheraidd dôn,
   Trigolion daear fawr i gyd.

2. Gwybyddwch bawb mai'r Iôr sy Dduw,
   A'n gwnaeth ni'n fyw fel hyn i fod;
   Nid ni ein hun; ei bobl ŷm ni,
   A defaid rhi' ei borfa a'i nod.

3. O! ewch i'w byrth â diolch brau,
   Yn ei gynteddau molwch Ef;
   Bendithiwch enw Duw is rhod,
   Rhowch iddo glod trwy lafar lef.

4. Cans da yw'r Arglwydd, Awdur hedd,
   Da ei drugaredd a di-lyth;
   A'i lân wirionedd in a roes,
   O oes i oes a bery byth.

EDMWND PRYS, 1543-1623

Doh A♭ M.H. Salmydd Genefa.

d :–	d :t,	l, :s,	d :–	r :–	m :–		m :–	m :m	r :d
s, :–	s, :s,	m, :m,	m, :–	s, :–	s, :–		s, :–	s, :d	t, :d
m :–	m :r	d :t,	d :–	t, :–	d :–		d :–	m :s	s :m
d :–	d :s,	l, :m,	l, :–	s, :–	d, :–		d :–	d :d	s, :l,

f :–	m :–	r :–		d :–	r :m	r :d	l, :–	t, :–	d :–	
d :–	d :–	t, :–		d :–	s, :s,	s, :s,	l, :–	f, :–	s, :–	
l :–	s :–	s :–		m :–	r :d	t, :d	d :–	r :–	m :–	
f, :–	d, :–	s, :–		l, :–	t, :d	s, :m,	f, :–	r, :–	d, :–	

s :–	m :d	r :f	m :–	r :–	d :–		d	d	
s, :–	s, :d	t, :l,.t,	d :–	t, :–	s, :–		l,	s,	
r :–	d :m.fe	s :l	s :–	s :f	m :–		f	m	
t, :–	d :l,	s, :r,	m, :f,	s, :–	d, :–		f,	d,	

A - men.

1. *All people that on earth do dwell,*
Sing to the Lord with cheerful voice;
Him serve with mirth, his praise forth tell;
Come ye before Him and rejoice.

2. *The Lord, ye know, is God indeed;*
Without our aid He did us make;
We are his folk, He doth us feed,
And for his sheep He doth us take.

3. *O enter, then, his gates with praise,*
Approach with joy his courts unto;
Praise, laud and bless his name always,
For it is seemly so to do.

4. *For why? the Lord our God is good,*
His mercy is for ever sure;
His truth at all times firmly stood,
And shall from age to age endure.

Aralleiriad Saesneg, W.Kethe

98.98.D

21. Crug-y-bar

Alaw Gymreig

1 Mae ffrydiau 'ngorfoledd yn tarddu
O ddisglair orseddfainc y ne';
Ac yno'r esgynnodd fy Iesu,
Ac yno yr eiriol Efe:
Y gwaed a fodlonodd gyfiawnder,
Daenellwyd ar orsedd ein Duw,
Sydd yno yn beraidd yn erfyn
I ni, y troseddwyr, gael byw.

2. Cawn esgyn o'r dyrys anialwch
I'r beraidd Baradwys i fyw;
Ein henaid lluddedig gaiff orffwys
Yn dawel ar fynwes ein Duw:
Dihangfa dragwyddol geir yno
Ar bechod, cystuddiau a phoen,
A gwledda i oesoedd diderfyn
Ar gariad anhraethol yr Oen.

3. O fryniau Caersalem ceir gweled
Holl daith yr anialwch i gyd;
Pryd hyn y daw troeon yr yrfa
Yn felys i lanw ein bryd;
Cawn edrych ar stormydd ac ofnau,
Ac angau dychrynllyd, a'r bedd,
A ninnau'n ddihangol o'u cyrraedd
Yn nofio mewn cariad a hedd.

DAVID CHARLES, CAERFYRDDIN, 1762-1834

Doh F | 98. 98. D | Alaw Gymreig.

:d |m :– |m :m |m :s :– :m |d :r |– :d |s :l |– :s .l |
:s, |d :– |s, :d |d :r :– :d |d :t, |– :d |d :d |– :d |
:m |s :– |m :s |l :s :– :s |s.fe :s |– :m |d :f |– :s .f |
:d |d :– |d :d |l, :t, :– :d |l, :s, |– :l, |m, :f, |– :m,.f, |

D.C.

s :m	–:r	d :–	–		s	s :–	f :m	l:–	l:d'	l :s	–:f
d :d	–:t,	d :–	–		d	r :d	l,.t, :d	d:–	f:m.r	d.r:m	–:l,.t,
m :s	–:f	m :–	–		m	r :m	f :s	l:s	f:s	l.t:d'	–:f
s, :s,	–:s,	d :–	–		d	t,:d	r :d	f:m	r:m	f :d	–:r

m :s	–:l	l :–	s :m	r :–	–		d	m :–	m :m	m :s	–:m
d :r	–:d	d :–.r	s, :d	t, :–	–		s,	d :–	s, :d	d :r	–:d
s :s	–:m	f.s:l.t	d' :s	s :–	–		m	s :–	m :s	l :s	–:s
d :t,	–:l,.s,	f, :f	m :d	s, :–	–		d	d :–	d :d	l, :t,	–:d

d :r	– :d	s :l	– :s.l	s :m	– :r	d :–	–		f	m	
d :t,	– :d	d :d	– :d	m :d	– :t,	d :–	–		d	d	
s :s	– :s.f	m :f	– :d'	d' :s	– :f	m :–	–		l	s	
m :s	– :m.r	d :f	– :m.f	s :s,	– :s,	d :–	–		f,	d	

A-men.

1. *The streams of my joy and my gladness,*
Have sprung from the bright throne of heaven;
And thither my Jesus ascended,
And there He still pleadeth for me:
The blood which was spilt for atonement,
To satisfy God on his throne,
Remains there, and sweetly pleads for us
That we, poor wretches, may live.

2. *The wilderness we'll leave behind us*
And rise to our Paradise home;
Our spirits so weary'll find respite
So peaceful in God's tender breast:
Eternal escape we shall find there
From anguish and worry and sin,
For time everlasting we'll feast on
The incomparable love of the Lamb.

3. *We'll see our path through the desert*
From high on Jerusalem hill;
We'll think of the sorrows and sadness
And turn them to gladness and joy;
The storms and the anguish we suffered
The horror of death and the grave,
At last we'll be free from their reaches
Afloat on a river of love.

22. Brynhyfryd

M.S. — Alaw Gymreig

1. Mae'r gwaed a redodd ar y groes
   O oes i oes i'w gofio;
   Rhy fyr yw tragwyddoldeb llawn
   I ddweud yn iawn amdano.

2. Prif destun holl ganiadau'r nef
   Yw 'Iddo Ef,' a'i haeddiant;
   A dyna sain telynau glân
   Ar uchaf gân gogoniant.

3. Mae hynod rinwedd gwaed yr Oen,
   A'i boen wrth achub enaid,
   Yn seinio'n uwch ar dannau'r nef
   Na hyfryd lef seraffiaid.

4. 'Mhen oesoedd rif y tywod mân
   Ni bydd y gân ond dechrau;
   Rhyw newydd wyrth o'i angau drud
   A ddaw o hyd i'r golau.

5. Ni thraethir maint anfeidrol werth
   Ei aberth yn dragywydd:
   Er treulio myrdd o oesoedd glân,
   Ni bydd y gân ond newydd.

Robert Williams (Robert ap Gwilym Ddu), 1767-1850

Doh B♭ M.S. Alaw Gymreig.

```
| d  :–  |m  :r   |d  :–  |t,  :–  |d  :–.r  |m  :d  |r  :–  |d  :–.r  |
| m, :–  |s, :f,  |m, :–  |se, :–  |l, :–.t, |d  :m, |s, :–  |s, :–    |
| d  :–  |d  :t,  |d  :–  |m   :–  |m  :–.r  |d  :d  |t, :–  |d  :–.t, |
| d, :–  |d  :s,  |l, :–  |m,  :–  |l, :–    |–  :l, |s, :–  |m, :–.r, |

| m  :l, |r  :d     |t, :–  |d  :–  ‖ d  :–  |m  :m  |r  :r    |d  :d  |
| s, :l, |l, :s,.l, |s, :f, |m, :–  ‖ s, :–  |s, :d  |d  :t,   |t, :l, |
| d  :d  |f  :m     |r  :–  |d  :–  ‖ m  :–  |d  :m  |s  :–.f  |m  :m  |
| d, :f, |r, :m,.f, |s, :–  |d  :–  ‖ d, :–  |d  :d  |s, :s,   |l, :l, |

| r  :–  |r  :–     |d  :r  |m  :f  |m  :d  |r  :d   |t, :–  |d  :–  ‖ d  |d  ‖
| l, :–  |s, :–     |s, :–  |–  :–  |–  :s, |l, :l,  |s, :–  |s, :–  ‖ l, |s, ‖
| f  :–  |t, :–     |d  :t, |d  :r  |d  :d  |f  :–.m |r  :f  |m  :–  ‖ f  |m  ‖
| r, :–  |s, :–.f,  |m, :s, |d  :t, |d  :m, |f, :r,  |s, :–  |d, :–  ‖ f, |d, ‖
```

A-men.

1. *The blood which flowed upon the cross*
   For ever be remembered;
   All time eternal is too short
   To tell the story fully.

2. *The main themes of all heavenly songs*
   Sing 'Unto Him' and praise Him;
   And so say all the purest harps
   As they sing of his glory.

3. *The virtue and the miracle,*
   The Lamb's blood spilt to save us,
   Sound louder on the heavenly harps
   Than the full choir of seraphs.

4. *When time has passed like grains of sand*
   The song will still be starting;
   For ever some new miracle
   Will come anew to thrill us.

5. *His sacrifice, so great its worth,*
   Cannot ever be measured:
   And though eternal time be spent,
   The song will still be new born.

87.87.67.

23. Bryn Myrddin

J.Morgan Nicholas

1. Mawr oedd Crist yn nhragwyddoldeb,
    Mawr yn gwisgo natur dyn;
Mawr yn marw ar Galfaria,
    Mawr yn maeddu angau'i hun;
Hynod fawr yw yn awr,
Brenin nef a daear lawr.

2. Mawr oedd Iesu yn yr arfaeth,
    Mawr yn y cyfamod hedd;
Mawr ym Methlem a Chalfaria,
    Mawr yn dod i'r lan o'r bedd:
Mawr iawn fydd Ef ryw ddydd
Pan ddatguddir pethau cudd.

3. Mawr yw Iesu yn ei Berson;
    Mawr fel Duw, a mawr fel dyn;
Mawr ei degwch a'i hawddgarwch,
    Gwyn a gwridog, teg ei lun:
Mawr yw Ef yn y nef
Ar ei orsedd gadarn gref.

Titus Lewis, 1773-1811 (1 a 3)
Anadnabyddus (2)

Doh C　　　　87. 87. 67.　　　　J. Morgan Nicholas.

```
| d' :–  :d' | d' :–  :s  | f  :m  :r  | m  :f  :s  | d' :–  :d' | d' :–  :s  |
| m  :–  :m  | m  :–  :d  | r  :d  :t, | d  :r  :m  | m  :–  :f  | s  :–  :m  |
| d' :–  :d' | d' :–  :s  | l  :s  :s  | s  :f  :m  | l  :–  :l  | s  :–  :d' |
| d' :–  :t  | l  :–  :m  | f  :s  :s, | d  :–  :d  | l, :–  :f  | m  :–  :d  |

| l  :s  :m  | s  :–  :–  || m  :–  :m  | m' :–  :r' | d' :l  :t  | d' :t  :l  |
| f  :r  :d  | r  :–  :–  || m  :–  :m  | m  :–  :m  | m  :r  :f  | m  :–  :m  |
| d' :t  :d' | d' :t  :–  || m  :–  :t  | l  :–  :se | l  :–  :r' | d' :r' :d' |
| f  :s  :l  | s  :–  :–  || m  :–  :r  | d  :–  :t, | l, :f  :r  | l  :–  :l  |
```

G. t.　　　　　　　　　　f. C.

```
| [r]s,  :– :s, | s  :– :d  | f  :m  :r  | [d]s :– :– || d' :– :d' | d' :– :– |
| [r]s,  :– :s, | s, :– :d  | r  :d  :t, | [d]s :– :– || m  :– :m  | l  :– :– |
| [fe]t, :– :r  | d  :– :m  | l  :s  :f  | [m]t :– :– || d' :– :d' | m' :– :– |
| [r]s,  :– :f, | m, :– :l, | r, :m, :s, | [d]s :– :– || d' :– :t  | l  :– :– |

| d' :r' :m' | f' :– :– | l  :t  :d' | m' :– :d'  | d' :– :t   | d' :– :– || d' | d' ||
| m  :f  :ta | l  :– :– | l  :s  :f  | m  :– :s   | l  :s  :f  | m  :– :– || f  | m  ||
| d' :–  :d' | d' :– :– | d' :t  :l  | s  :d' :m' | f' :m' :r' | d' :– :– || l  | s  ||
| ta :l  :s  | f  :– :– | f  :–  :f  | s  :– :s   | s  :– :s   | d  :– :– || f  | d  ||
```

A-men.

1. *Great was Christ in life eternal,*
Great on earth in man's disguise;
Great in dying on Mount Calvary,
Great in conquering death itself;
Mighty great is He now
King of heaven and earth in one.

2. *Great was Jesus in God's purpose,*
In the covenant of peace;
Great in Bethlehem and Calvary,
Great in rising from the grave;
Great he'll be then one day,
When all secrets are revealed.

3. *Great is Jesus in his Person,*
Great as God and great as man;
Great in fairness and in beauty,
Fine and handsome in his mien;
Great is He up above,
On his throne of power and strength.

M.C.

24. Arabia

Anad. (19eg ganrif)

1. Mi dafla' 'maich oddi ar fy ngwar
Wrth deimlo dwyfol loes;
Euogrwydd fel mynyddoedd byd
Dry'n ganu wrth dy groes.

2. Os edrych wnaf i'r dwyrain draw,
Os edrych wnaf i'r de,
Ymhlith a fu, neu ynteu ddaw,
'Does debyg iddo Fe.

3. Fe roes ei ddwylo pur ar led,
Fe wisgodd goron ddrain,
Er mwyn i'r brwnt gael bod yn wyn
Fel hyfryd liain main.

4. Esgyn a wnaeth i entrych nef
I eiriol dros y gwan;
Fe sugna f'enaid innau'n lân
I'w fynwes yn y man.

5. Ac yna caf fod gydag Ef
Pan êl y byd ar dân,
Ac edrych yn ei hyfryd wedd,
Gan harddach nag o'r blaen.

William Williams, Pantycelyn, 1717-1791

Doh F M.C. Anad. (19eg ganrif)

:s	d :r	m :f,s.l	s :f	m :–.s	l :s	f :m	m :–	r :–.
:d	s, :t,	d :d	d :t,	d :–.d	d :d	r :d	d :–	t, :–.
:m	s :s	s :f	m :r.s	s :–.s	f :s	s :s	s :–	– :–.
:d	m :r	d :l,.f,	s, :s,	d :–.m	f :m	t, :d	s, :–	– :–.

://:

.s	s :l	s :–.s	s.m:l.,s	s :–.s	d :r	m.s:f.m	m :–	r :–.
.t,	d :d	d :–.d	d :d	t, :–.t,	l, :s,	d.m:r.d	d :–	t, :–.
.r	m :f	m :–.m	m.s:f	r :–.f	m :s	s :l	s :–	– :–.
.s,	d :d	d :–.d	d :f,	s, :–.s,	l, :t,	d :f,	s, :–	– :–.

.s	s:l	s:–.s	l.t:d'	t:–.l	s.d':l.f	m:r	d (fermata)	d	d
.t,	d:d	d:–.d	d.r:m	r:–.t,	d :d.r	d:t,	s,	l,	s,
.r	m:f	m:–.s	f :s	s:–.f	s :l	s:s.f	m	f	m
.s,	d:f,.l,	d:–.m	f.r:d.m	s:–.r	m :f	s:s,	d	f,	d

A-men.

1. *I'll throw my burden from my back*
As I feel pain divine;
My guilt, as high as mountain peaks
Turns, by thy cross, to song.

2. *When I regard the distant east,*
Or to the south I turn,
Amongst what's passed or still to come,
He stands alone in time.

3. *He spread his purest hands out wide,*
He wore a crown of thorns,
That the unclean might be as white
As pleasant linen fine.

4. *He rose from earth to highest heaven*
And pleaded for the weak;
My soul He will absorb in his,
In time, and make me clean.

5. *And then I shall rest by his side*
When fire burns the earth,
And look upon his wondrous face,
E'en finer than before.

88.88.D

25. Cleveland

L.Mason, *Tr.* E.T.D.

1. Mi wn fod fy Mhrynwr yn fyw,
A'm prynodd â thaliad mor ddrud;
Fe saif ar y ddaear, gwir yw,
Yn niwedd holl oesoedd y byd:
Er ised, er gwaeled fy ngwedd,
Teyrnasu mae 'Mhrynwr a'm Brawd;
Ac er fy malurio'n y bedd,
Ca' 'i weled Ef allan o'm cnawd.

2. Wel, arno bo 'ngolwg bob dydd,
A'i daliad anfeidrol o werth;
Gwir Awdwr, Perffeithydd ein ffydd,
Fe'm cynnal ar lwybrau blin serth:
Fy enaid, ymestyn ymlaen,
Na orffwys nes cyrraedd y tir,
Y Ganaan dragwyddol ei chân,
Y Sabbath hyfrydol yn wir.

THOMAS JONES, DINBYCH, 1756-1820

Doh G 88. 88. D L. Mason, *Tr.* E.T.D.

```
:s, |d :– |d :d |r :– |r :r |m :– |– :f |s :– |d :d |f :– |m :r |d :– |– ||
:s, |m, :– |s, :d |t, :– |s, :t, |d :– |– :d |s, :– |l, :d |d :– |d :t, |d :– |– ||
:s, |d :– |d :m |s :– |r :s |s :– |– :d |d :r |m :m |l :– |s :f |m :– |– ||
:s, |d :s, |m, :d, |s, :– |t, :s, |d :– |– :l, |m, :– |l, :l, |f, :– |s, :s, |d :– |– ||
```

```
:s, |d :– |d :d |r :– |r :r |m :– |– :f |s :– |d :d |f :– |m :r |d :– |– ||
:s, |s, :– |s, :d |s, :fe, |s, :t, |d :– |– :d |d :– |l, :d |d :– |d :t, |s, :– |– ||
:s, |s :f |m :m |r :d |t, :s |s :– |– :l |s :– |m :m |l :– |s :f |m :– |– ||
:s, |m :r |d :d |t, :l, |s, :s, |d :– |– :f |m :– |l, :l, |f, :– |s, :s, |d :– |– ||
```

```
:s |s :– |m :s |s :– |f :m |r :– |– :r |d :– |d :r |m :– |m :fe |s :– |– ||
:d |d :– |m :t, |d :– |d :d |t, :– |– :t, |l, :– |d :t, |d :m |r :d |t, :– |– ||
:s |s :– |s :f |s :– |l :s |s :– |– :m |m :– |m :s |s :– |s :r |r :– |– ||
:m |m :– |d :r |m :m, |f, :d |s, :– |– :se, |l, :– |l, :s, |d, :d |t, :l, |s, :– |– ||
```

```
:s, |d :– |d :d |r :– |r :r |m :– |– :f |s :– |d :d |f :– |m :r |d :– |– ||
:s, |m, :–.f |s, :d |t, :– |s, :t, |d :– |– :d |d :– |l, :d |l, :r |d :t, |s, :– |– ||
:s, |d :–.r |m :m |s :– |r :s |s :– |– :l |s :– |m :m |r :l |s :f |m :– |– ||
:s, |d :– |d :l, |s, :– |t, :s, |d :– |– :f, |m, :– |l, :l, |f, :– |s, :s, |d, :– |– ||
```

```
| d  | d  ||
| l, | s, ||
| f  | m  ||
| f, | d, ||
```

A- men.

1. *I know my Redeemer liveth,*
Who paid with his blood for my life;
His stay on the earth will endure
For ages and ages for aye:
Although I am lowly and weak
My Brother, Redeemer shall reign;
Although I shall rot in the grave,
I'll see Him outside of my flesh.

2. *My sights I set on Him each day,*
The price beyond measure He paid;
Creator, Perfector of faith,
Supporter on life's weary path:
My spirit, O forge forth ahead,
No respite till reaching the land,
Our Canaan, eternal her song,
Our wonderful Sabbath indeed.

M.S.

26. Sabbath

John Williams

1. Myfi yw'r Atgyfodiad mawr,
   Myfi yw gwawr y bywyd;
   Caiff pawb a'm cred, medd f'Arglwydd Dduw,
   Er trengi, fyw mewn eilfyd.

2. A'r sawl sy'n byw mewn ufudd gred
   I Mi, caiff drwydded nefol,
   Na allo angau, brenin braw,
   Ddrwg iddaw yn dragwyddol.

3. Yn wir, yn wir, medd Gwir ei Hun,
   Pob cyfryw ddyn sy'n gwrando
   Fy ngair, gan gredu'r Tad a'm rhoes,
   Mae didranc einioes ganddo.

4. A wnêl ei orau i ufuddhau,
   Trwy ffydd, i'm geiriau hyfryd,
   Ni ddaw i farn, ond trwodd aeth
   O angau caeth i fywyd.

Ellis Wynne, 1671-1734

Doh C   M.S.   John Williams.

```
:d'|s :d' |l :r'  |s :t  |d' :d'|d' :d' |r' :d'|t  :l    |s
:m |d :m  |f :f   |s :f  |m  :m |m  :s  |r  :s |s  :fe   |s
:s |s :s  |l :l.t |d' :f |s  :s |l  :s  |s  :m'|r' :-.d' |t
:d |m :d  |f :r   |m :r  |d  :d |l, :m  |t, :d |r  :-    |s,
```

```
:s |s:f     |m :d'.t|l   :l   |s :d'|l   :s |d' :d'|t:-     |d'||d'|d'
:m |d:d.r   |d :d   |d   :d.r |m :d |d.r:m  |m  :f |r:s.f   |m ||f |m
:d'|s:l     |s :s   |f.s:l.t  |d':s |l.t:d' |d' :l |s:-     |s ||l |s
:d |m:l,.t, |d :m   |f   :f   |d :m |f   :m |l  :f |s:-     |d ||f |d
```

A-men.

1. *I am the Resurrected One,*
   I am the dawn of living;
   All who believe in me, says God,
   Shall re-live after dying.

2. *And he who does obey the faith,*
   Through me, has heavenly freedom,
   And even death, the king of dread,
   Can no more harm him ever.

3. *Indeed, indeed, says Truth itself,*
   Each person now who listens
   To me, the word my Father gave,
   Possesses life eternal.

4. *He who obeys my wondrous words,*
   With willing heart and faithful,
   Will not be judged, but through death come
   To perfect life eternal.

64.64.66.64.

27. Liverpool

Ieuan Gwyllt

1. Ni allodd angau du
   Ddal Iesu'n gaeth
   Ddim hwy na'r trydydd dydd –
   Yn rhydd y daeth:
   Ni ddelir un o'i blant,
   Er mynd i bant y bedd;
   Fe'u gwelir ger ei fron
   Yn llon eu gwedd.

2. Ei gwmni i ddwyn y groes
  Drwy f'oes im fydd,
A'i gwmni yn y glyn
  Ar derfyn dydd;
Ac er fy rhoi'n y llwch
Mewn twllwch dros ryw hyd,
Ni'm cleddir o'i ŵydd E'
  Mewn lle'n y byd.

3. Er gorwedd yn y bedd,
  Fy annedd fud,
Daw'r Iesu i'm codi'n llon
  Gerbron ryw bryd:
A'm llygaid i a'i gwêl –
Mae'r gair dan sêl yn wir –
Ar newydd ddedwydd ddydd,
  Boreddydd clir.

WILLIAM ELLIS (GWILYM AB ELIS), 1752-1810

Lah A   Doh C   64. 64. 66. 64.   Ieuan Gwyllt.

```
|l  :–  |m  :s  |l  :l  |s  :–  |l  :–  |d' :t  |l  :–  |–  :–  ||
|m  :–  |d  :r  |f  :f  |m  :–  |m  :–  |m  :r  |d  :–  |–  :–  ||
|d' :–  |l  :t  |d' :d' |d' :–  |l  :–  |l  :se |l  :–  |–  :–  ||
|l  :–  |l  :s  |f  :f  |d  :–  |d  :–  |l, :m  |l, :–  |–  :–  ||

|d' :–  |d' :s  |l  :t  |d' :–  |r' :–  |t  :l  |s  :–  |–  :–  ||
|d  :–  |d  :m  |f  :f  |m  :–  |r  :–  |r  :d  |t, :–  |–  :–  ||
|l  :–  |s  :d' |d' :r' |s  :–  |s  :–  |s  :fe |s  :–  |–  :–  ||
|f  :–  |m  :d  |f  :r  |d  :–  |t, :–  |r  :r  |s, :–  |–  :–  ||

|m' :–  |d' :m' |r' :d' |t  :–  |r' :–  |d' :l  |s  :fe |m  :–  ||
|s  :–  |s  :s  |s  :s  |s  :–  |s  :–  |m  :m  |m  :re |m  :–  ||
|d' :–  |m' :d' |f' :m' |r  :–  |t  :–  |d' :d' |t  :l  |s  :–  ||
|d' :–  |d' :d' |t  :d' |s  :–  |s  :–  |l  :l, |t, :t, |m  :–  ||

|t  :–  |l  :d' |d' :l     |t  :–  |l  :–  |l  :se |l  :–  |–  :–  ||l |l  ||
|m  :–  |m  :m  |m  :–.re  |m  :–  |m  :–  |f  :m  |d  :–  |–  :–  ||r |de ||
|se :–  |l  :l  |l  :l     |se :–  |d' :–  |t  :t  |l  :–  |–  :–  ||f |m  ||
|m  :–  |d  :l, |l  :f     |m  :–  |d  :–  |r  :m  |l, :–  |–  :–  ||r |l, ||
```

A-men.

1. *Death's agonies did fail*
To hold Him slave
No more than three black days –
Jesus was free;
Each member of his flock,
Though to death's brink they go;
Shall be at his right side
With joyous heart.

2. *With Him my cross I'll bear*
All through my life,
With Him in the deep vale
At end of day;
And though I turn to dust
And lie in darkness deep,
Within his sight I'll stay
Where'er I am.

3. *And though I lie in the grave,*
My silent home,
Jesus will come one day
And bid me rise:
My eyes shall gaze on Him –
The word He spoke was true –
O wondrous, happy day,
A new daybreak.

M.C. **28. Uxbridge** J.H.Roberts

1. O! anfon Di yr Ysbryd Glân,
   Yn enw Iesu mawr,
   A'i weithrediadau megis tân;
   O! deued Ef i lawr.

2. Yn ôl d'addewid fawr ei gwerth,
   Tywallter oddi fry
   Yr Ysbryd Sanctaidd gyda nerth
   I weithio arnom ni.

3. O'th wir ewyllys deued Ef
   I argyhoeddi'r byd,
   Ac arwain etifeddion nef
   Trwy'r anial maith i gyd.

4. Yn ôl d'addewid, Iesu mawr,
   Yr awron, anfon Di
   Y gwir Ddiddanydd yma i lawr
   I aros gyda ni.

John Hughes, Pontrobert, 1755-1854

Lah G Doh B♭ M.C. J.H. Roberts.

```
:l,  |d   :l,  |t,   :r   |d   :t,  |l,  || t,  |d   :m   |m   :r   |m   :-  |-  ||
:m,  |m,  :l,  |se,  :l,  |l,  :se, |l,  || se, |l,  :t,  |l,  :l,  |se, :-  |-  ||
:d   |l,  :d   |m    :f   |m   :r   |d   || m   |m   :m   |l,  :l,  |t,  :-  |-  ||
:l,  |l,  :f,  |m,   :r,  |m,  :m,  |l,  || m,  |l,  :s,  |f,  :f,  |m,  :-  |-  ||

:m   |m   :s   |f      :m   |r      :d   |t   || m   |d   :m   |r   :t,   |l,  :-|-  || l, |l,  ||
:s,  |s,  :t,  |l,     :s,  |s,.f,  :m,  |m,  || m,  |m,  :l,  |l,  :se,  |l,  :-|-  || f, |m,  ||
:d   |m   :r   |d.r    :m   |t,     :l,  |se, || l,  |l,  :l,  |f   :m.r  |d   :-|-  || r  |de  ||
:d   |d   :s,  |l,.t,  :d   |s,     :l,  |m,  || d,  |l2  :d,  |r,  :m,   |l2  :-|-  || r, |l2  ||
```

A-men.

1. *The Holy Spirit send to us,*
   In mighty Jesus' name,
   Like fire spread his work on earth;
   O let Him come this hour!

2. *Fulfil thy promise of great worth,*
   Pour on us from above
   The Holy Spirit, with all strength
   To work on us below.

3. *By thy true will let Him descend,*
   Convince the whole wide world,
   And lead the heirs of paradise
   Right through the desert land.

4. *By thy great promise, Jesus Christ*
   O send, at once, to us
   The true Consoler, Comforter
   To stay within our midst.

87.87.D

29. Dim ond Iesu

R.Lowry

1. O! fy Iesu bendigedig,
Unig gwmni f'enaid gwan,
Ym mhob adfyd a thrallodion
Dal fy ysbryd llesg i'r lan;
A thra'm teflir yma ac acw
Ar anwadal donnau'r byd,
Cymorth rho i ddal fy ngafael
Ynot Ti, sy'r un o hyd.

2. Rhof fy nhroed y fan a fynnwyf
Ar sigledig bethau'r byd,
Ysgwyd mae y tir o danaf,
Darnau'n cwympo i lawr o hyd;
Ond os caf fy nhroed i sengi,
Yn y dymestl fawr a'm chwŷth,
Ar dragwyddol Graig yr Oesoedd,
Dyna fan na sigla byth.

3. Pwyso'r bore ar fy nheulu,
Colli'r rheini y prynhawn;
Pwyso eilwaith ar gyfeillion,
Hwythau'n colli'n fuan iawn:
Pwyso ar hawddfyd – hwnnw'n siglo,
Profi'n fuan newid byd;
Pwyso ar Iesu – dyma gryfder
Sydd yn dal y pwysau i gyd.

Ebenezer Thomas (Eben Fardd), 1802-1863

Doh A♭ 87.87. D R. Lowry.

```
:d .r  |m  :-.d  :r .m  |r .d  :-  :d .l,  |s,  :-.d  :t, .d  |r  :-  ||
:m, .f, |s, :-.s, :s, .s, |f, .m, :- :m, .f, |m, :-.s, :f, .m, |s, :- ||
:d .d  |d  :-.d  :t, .t, |d .d  :-  :d .d  |d  :-.d  :s, .d  |t, :-  ||
:d, .d, |d, :-.m, :s, .s, |d, .d, :- :d, .d, |d, :-.m, :r, .d, |s, :- ||

:d .r  |m  :-.d  :r .m  |r .d  :-  :d .l,  |s,  :-.d  :r .,t,  |d  :-  ||
:m, .f, |s, :-.s, :s, .s, |f, .m, :- :l, .f, |m, :-.m, :f, .,f, |m, :- ||
:d .d  |d  :-.d  :t, .t, |d .d  :-  :d .d  |d  :-.d  :t, .,r  |d  :-  ||
:d, .d, |d, :-.m, :s, .s, |d, .d, :- :f, .f, |s, :-.s, :s, .,s, |d, :- ||

:m .f  |s  :-.m  :f .m  |m .r  :-  :r .m  |f  :-.r  :m .f  |m  :-  ||
:d .t, |d  :-.d  :r .d  |d .t, :-  :t, .d |t, :-.t, :d .t, |d  :-  ||
:s .s  |s  :-.s  :s .s  |s .s  :-  :s .s  |s  :-.s  :s .s  |s  :-  ||
:d .r  |m  :-.d  :t, .d |s, .s, :- :f .m  |r  :-.f  :m .r  |d  :-  ||

:m .r  |d  :-.r  :d .t,  |l, .d  :-  :d .r  |m  :-.d  :r .,t,  |d  :-  || d  |d  ||
:s, .f, |m, :-.f, :m, .s, |f, .l, :- :s, .l, |s, :-.s, :s, .,s, |s, :- || l, |s, ||
:d .s, |s, :-.s, :s, .d  |d .d  :-  :d .d  |d  :-.m  :f .,r  |m  :-  || f  |m  ||
:d, .d, |d, :-.d, :d, .m, |f, .f, :- :m, .f, |s, :-.s, :s, .,s, |d, :- || f, |d, ||
```

A-men.

1. *O my wondrous, wondrous Jesus,*
Lone companion of my soul,
In all worries, tribulations,
Give my spirit thy support;
While I'm cast upon life's ocean,
On the sea's unstable waves,
Steadfastly, O hold and keep me
In thy all embracing arms.

2. *Let me tread where'er I wander*
On this ever moving earth,
All the land beneath me trembles,
Dust and ruins all around;
If I could but keep my foothold
Despite tempest, despite storm,
On the eternal Rock of Ages:
This is ground that never quakes.

3. *Oft times leaning on my dear ones,*
Then I lose them one by one;
Lean again on friends, companions,
Very soon they're also gone:
Lean on pleasure – none is stable,
All my world, it changes so,
Lean on Jesus – here's true strength
Which will hold the world's whole weight.

66.66.88.

30. Rhosymedre

J.D.Edwards,
Tr. J.T.R.

1. O! nefol addfwyn Oen
   Sy'n llawer gwell na'r byd,
   A lluoedd maith y nef
   Yn rhedeg arno'u bryd;
   Dy ddawn a'th ras a'th gariad drud
   Sy'n llanw'r nef, yn llanw'r byd.

2. Noddfa pechadur trist,
   Dan bob drylliedig friw
   A phwys euogrwydd llym,
   Yn unig yw fy Nuw;
   'Does enw i'w gael o dan y nef
   Yn unig ond ei enw Ef.

3. Ymgrymed pawb i lawr
   I enw'r addfwyn Oen;
   Yr enw mwyaf mawr
   Erioed a glywyd sôn:
   Y clod, y mawl, y parch a'r bri
   Fo byth i enw'n Harglwydd ni.

William Williams,
Pantycelyn, 1717-1791

Doh A♭ 66. 66. 88. J.D. Edwards, *Tr.* J.T.R.

```
:s, |d   :d   |r   :r   |m   :-   |-   :d   |f     :f    |m   :r   |d   :-   |-   ||
:s, |s,  :l,  |l,  :s,  |s,  :-   |d   :ta, |l,    :l,   |s,  :f,  |m,  :-   |-   ||
:s, |s   :m   |r   :t,  |d   :-   |-   :m   |l,    :t,.d |d   :t,  |d   :-   |-   ||
:s, |m,  :l,  |f,  :s,  |d   :t,  |l,  :s,  |f,.m, :r,   |s,  :s,  |d,  :-   |-   ||
```

```
:s,    |d      :d   |r   :r   |m   :-   |-   :d     |f     :f   |m   :r   |d   :-   |-   ||
:s,    |s,     :s,  |l,  :l,  |se, :-   |-   :l,    |l,    :l,  |s,  :f,  |m,  :-   |-   ||
:t,.r  |s .f   :m   |r   :l,  |t,  :-   |-   :d     |d     :d   |d   :t,  |d   :-   |-   ||
:s,.f, |m,.r,  :d,  |f,  :f,  |m,  :-   |-   :l,.s, |f,.m, :r,  |s,  :s,  |d,  :-   |-   ||
```

```
:s     |m   :m   |m   :s   |f   :-   |m   :-    |r   :-   |-   :s   |f   :m   |r   :d   |
:s,    |m   :r   |d   :d   |d   :-   |d   :-    |t,  :-   |-   :d   |r   :d   |t,  :l,  |
:d .m  |s   :se  |l   :ta  |l   :-   |s   :-.m  |s   :-   |-   :m   |s   :s   |f   :m   |
:m,.s, |d   :t,  |l,  :m,  |f,  :-   |d   :-    |s,  :-   |-   :m   |t,  :d   |s,  :l,  |
```

```
                     :||:
|t,   :d       |r   :t,      |d   :r    |m   :f   |m   :-   |r   :-   |d   :-   |-   ||d   |d   ||
|se,  :l,      |l,  :s,      |s,  :t,   |d   :r   |d   :-   |t,  :-   |d   :-   |-   ||f,  |m,  ||
|r    :d       |f   :r       |s   :-.f  |m   :l   |s   :-   |-   :f   |m   :-   |-   ||l,  |s,  ||
|m,   :l,.s,   |f,  :s,.f,   |m,  :s,   |d   :f,  |s,  :-   |s,  :-   |d,  :-   |-   ||f,  |d,  ||
                                                                                         A-men.
```

1\. *O gentle heavenly Lamb*
Far better than this world,
All heaven's forces vast
Set all their sights on Thee;
Thy skill, thy grace, thy priceless love
Engulf the heaven, engulf the world.

2\. *A sinner sad am I,*
Who suffers hurt and pain
Weighed down by chains of guilt,
God is my sole refuge;
There is no name beneath the heavens
There is no name but God the Lord.

3\. *Let every knee bow down*
To praise the heavenly Lamb;
The greatest name e'er heard,
The greatest story told;
All praise, all glory, honour too
Belong to God, our Saviour Lord.

76.76.D

31. Clawdd Madog

D.Christmas Williams

1. Os gwelir fi, bechadur,
Ryw ddydd ar ben fy nhaith,
Rhyfeddol fydd y canu,
A newydd fydd yr iaith,
Yn seinio 'Buddugoliaeth,'
Am iachawdwriaeth lawn,
Heb ofni colli'r frwydr,
Na bore na phrynhawn.

2 Fe genir ac fe genir
Yn nhragwyddoldeb maith,
Os gwelir un pererin
Mor llesg ar ben ei daith,
A gurwyd mewn tymhestloedd,
A olchwyd yn y gwaed,
A gannwyd, ac a gadwyd
Trwy'r iachawdwriaeth rad.

3. Os dof fi trwy'r anialwch,
Rhyfeddaf fyth dy ras,
Â'm henaid i lonyddwch
'R ôl ganwaith golli'r maes,
A'r maglau wedi eu torri,
A'm traed yn gwbwl rydd;
Os gwelir fi fel hynny,
Tragwyddol foli a fydd.

Dafydd Morris, Tŵr-gwyn, 1744-1791 (2)
o gasgliadau (1 a 3)

Doh B♭ 76. 76. D D. Christmas Williams.

```
:d  |t, :l, |s, :d  |r  :-.m|r  :t, |m  :d  |t,    :t,  |t, :- |- ||
:d  |t, :l, |s, :s, |fe,:-  |s, :s, |s, :s, |f,    :l,  |se,:- |- ||
:d  |t, :l, |s, :d  |l, :-  |t, :r  |d  :m  |r     :f   |m  :- |- ||
:d  |t, :l, |s, :m, |r, :-  |s, :s, |d, :d, |r,    :r,  |m, :- |- ||

:d  |t, :l, |s, :d  |r  :-.m|r  :m  |r  :s, |l,.t, :l,  |s, :- |- ||
:l, |s, :f, |m, :s, |l, :-  |t, :s, |s, :s, |m,    :fe, |s, :- |- ||
:m  |m  :d  |d  :d  |l, :-  |r  :d  |r  :t, |d     :d   |t, :- |- ||
:l, |m, :f, |d, :m, |f, :-  |s, :d, |t,, :m,|d,    :r,  |s, :- |- ||

:d.r   |d  :m  |- :d.r   |m :m |- :d.r |m  :s  |m  :r.d |r  :- |- ||
:s,    |s, :s, |- :s,.t, |d :d |- :s,  |s, :s, |s, :l,  |t, :- |- ||
:d.t,  |d  :d  |- :d.s   |s :s |- :s.f |m  :r  |m  :fe  |s  :- |- ||
:m,.r, |d, :d, |- :m,.s, |d :d |- :m.r |d  :t, |d  :l,  |s, :- |- ||

:t,.d  |r  :r      |m :d   |f  :f  |- :r  |d.t,  :d.f   |m  :r  |d  :- |- ||
:s,    |s, :l,.t,  |d :ta, |l, :d  |- :l, |s,.f, :m,.l, |s, :f, |m, :- |- ||
:r     |r  :f      |m :s   |f  :l  |- :f  |m.r   :d     |d  :t, |d  :- |- ||
:s,.l, |t, :s,     |d :m,  |f, :f, |- :f, |s,    :l,.f, |s, :s, |d, :- |- ||

|d  |d  ||
|f, |m, ||
|l, |s, ||
|f, |d, ||
```

A - men.

1. *If I am found, poor sinner,*
One day at journey's end;
How wonderful the singing,
How new the language then,
All sounding out in triumph,
Salvation now fulfilled,
Without fear to lose the battle
Morning or afternoon.

2. *There will be e'er more singing*
In vast eternity,
For every single pilgrim
Who comes back home to Thee,
Bearing the scars of tempests
And washed clean in the blood,
Cleansed pure, and kept, and rescued,
And through salvation freed.

3. *If I survive the desert*
I'll wonder at thy grace,
My spirit then made tranquil
After my wand'ring ways,
The shackles torn asunder,
And both my feet set free;
If I behold this vision,
I'll praise eternally.

28.88.88.

32. William

Morfydd Llwyn Owen

1. O! tyn
Y gorchudd yn y mynydd hyn;
Llewyrched haul cyfiawnder gwyn
O ben y bryn bu'r addfwyn Oen
Yn dioddef dan yr hoelion dur,
O gariad pur i mi mewn poen.

2. P'le, p'le
Y gwnaf fy noddfa dan y ne',
Ond yn ei archoll ddwyfol E'?
Y bicell gre' aeth dan ei fron
Agorodd ffynnon i'm glanhau;
'R wy'n llawenhau fod lle yn hon.

3. Oes, oes,
Mae rhin a grym yng ngwaed y groes
I lwyr lanhau holl feiau f'oes;
Ei ddwyfol loes a'i ddyfal lef,
Mewn gweddi drosof at y Tad,
Yw fy rhyddhad, a'm hawl i'r nef.

4. Golch fi
Oddi wrth fy meiau aml eu rhi',
Yn afon waedlyd Calfari,
Sydd heddiw'n lli o haeddiant llawn;
Dim trai ni welir arni mwy;
Hi bery'n hwy na bore a nawn.

Hugh Jones, Maesglasau, 1749-1825

Lah D Doh F 28. 88. 88. Morfydd Llwyn Owen.

C. t.

```
| l  :- |s  :m  | d  :r  |m  :m  | r  :- |r  :-  | m  :- |fet :-  | d' :r' |m' :d' |
| d  :- |r  :t, | l, :l, |t, :d  | d  :- |t, :-  | s, :- |tm  :-  | m  :m  |m  :f  |
| m  :- |r  :s  | m  :f  |s  :s  | l  :- |s  :-  | m  :- |rese:- | l  :l  |l  :l  |
| l, :- |t, :s, | l, :f, |m, :d, | f, :- |s, :-  | d  :- |tm  :-  | l, :t, |d  :f  |
```

f. F.

```
| r' :- |t  :-   | l  :- |-  :-  || lm :- |r  :s  | m  :- |m  :-  | r  :s  |m  :-  |
| f  :- |m  :r   | d  :- |-  :-  || fd :- |d  :t, | d  :- |d  :-  | d  :t, |s, :-  |
| l  :- |se :-   | l  :- |-  :-  || d's:- |l  :s  | s  :- |ta :-  | l  :t  |d' :-  |
| r  :- |m  :-   | l, :- |-  :-  || fd :- |f, :s, | d  :- |d, :-  | f, :s, |d  :-  |
```

```
| m  :- |ba :se  | l  :-     |d' :-  | t  :l  |se :-  | l  :- |s  :m.r |
| m  :- |m  :m   | m  :-.r   |d  :m  | re :re |m  :-  | l  :- |s  :m.r |
| m  :- |m  :m   | m  :-     |m  :-  | fe :t  |t  :-  | l  :- |s  :m.r |
| m  :- |m  :r   | d  :-.t,  |l, :d  | t, :t, |m  :-  | l  :- |s  :m.r |
```

:||:

```
| m  :m  |r.d :r  | m  :-  |-  :m  | r.d  :t,  |l, :-  || r  | de |
| m  :d  |l,  :t, | d  :r  |d  :l, | t,.l,:se, |l, :-  || l, | l, |
| m  :s  |l   :s  | s  :se |l  :m  | f    :m.r |d  :-  || f  | m  |
| m  :d  |f,  :s, | d  :t, |l, :d, | r,   :m,  |l, :-  || r, | l, |
```

A - men.

1\. *Remove*
The cover from this mountain peak;
May sun shine down in justice sweet
Upon the hill, where the meek Lamb
Did suffer under nails of steel,
O love most pure to me in pain.

2\. *Where, where*
Shall I find refuge here on earth,
But in my Lord's divine, deep wound?
The cruel spear that lanced his breast
Opened a fountain to cleanse me by;
Rejoice, rejoice, there's room for me.

3\. *Indeed,*
The virtue and force of his blood
Redeem my sins throughout my life;
His suffering and his constant voice
Praying to God on my behalf,
This is my freedom, and my right.

4\. *Cleanse me*
Of all my many varied sins,
In the blood spilt on Calvary,
Which flows today with just deserts,
No ebb will stem it evermore;
It will endure each day and night.

10.10.10.10.10.10.

33. Bro Aber

J.Haydn Phillips

1. O! tyred i'n gwaredu, Iesu da,
Fel cynt y daethost ar dy newydd wedd,
A'r drysau 'nghau, at rai dan ofnus bla,
A'u cadarnhau â nerthol air dy hedd:
Llefara dy dangnefedd yma'n awr,
A dangos inni greithiau d'aberth mawr.

2. Yn d'aberth Di mae'n gobaith ni o hyd,
Ni ddaw o'r ddaear ond llonyddwch brau;
O hen gaethiwed barn rhyfeloedd byd,
Hiraethwn am y cymod sy'n rhyddhau:
Tydi, Gyfryngwr byw rhwng Duw a dyn,
Rho yn ein calon ras i fyw'n gytûn.

3. Cyd-fyw'n gytûn fel brodyr fyddo'n rhan,
A'th gariad yn ein cynnal drwy ein hoes;
Na foed i'r arfog cry' orthrymu'r gwan,
Ac na bo grym i ni ond grym y groes:
Rhag gwae y dilyw tân, O! trugarha,
A thyred i'n gwaredu, Iesu da.

JOHN ROBERTS, 1910-1984

Doh B♭ 10. 10. 10. 10. 10. 10. J. Haydn Phillips.

```
:s,  | m   :-.m  :f .m    | m   :r    :d     | d   :t,    :l,    | s,  :-  :s,  |
:m,  | s,  :-.s, :l, .s,  | s,  :-.f, :m,    | l,  :s,    :f,    | m,  :-  :f,  |
:d   | d   :-.d  :d .d    | d   :t,   :d     | d   :l,.t, :d .r  | m   :-  :r   |
:d,  | d,  :-.d, :d, .d,  | d,  :s,   :l,    | f,  :- .s, :l, .t,| d   :-  :t,  |

| s,  :-.s, :l, .t,   | d   :r   :m      | m   :r     :l,   | r   :-  ||
| m,  :-.m, :m, .se,  | l,  :-   :l, .s,  | fe, :-     :l,   | s,  :-  ||
| d   :-.d  :d .m     | m   :r   :d      | r   :l,.t, :d    | d   :t, ||
| d   :-.d  :d .t,    | l,  :-   :l,     | r,  :-     :fe,  | s,  :-  ||

:s,  | m   :-.m  :f .m     | m   :r   :d       | d   :r  :m    | f   :-  :f    |
:f,  | s,  :-.s, :s, .s,   | s,  :-   :s, .ta, | l,  :-  :l,   | l,  :-  :l,   |
:t,  | d   :-.d  :r .d     | d   :t,  :d       | f   :-  :de   | r   :-  :r .d |
:s,  | d,  :-.d, :t2 .d,   | d,  :r,  :m,      | f,  :-  :m,   | r,  :-  :r,   |

| m    :-.r  :d .t,    | l,  :t,  :r    | d   :-  :t,    | l,  :-  ||
| se,  :t,   :l, .se,  | l,  :f,  :l,   | l,  :-  :se,   | l,  :-  ||
| t,   :m    :m .r     | d   :r   :f    | m   :-  :m .r  | d   :-  ||
| m,   :se,  :l, .m,   | f,  :r,  :t2   | d,  :r, :m,    | l,  :-  ||

:s,  | r   :-.t  :d .r    | m   :-  :d    | f   :-.m  :r .d  | t,  :-  :s,  |
:s,  | s,  :s,   :s, .s,  | s,  :-  :s,   | f,  :s,   :l,    | s,  :-  :s,  |
:s,  | t,  :-.r  :d .t,   | d   :-  :m    | d   :-    :f .m  | r   :-  :d   |
:s,  | s,  :f,   :m, .s,  | d,  :d  :ta,  | l,  :s,   :f,    | s,  :-  :m,  |

| l,  :-.l, :t, .t,   | d   :r   :m   | r .l, :d  :t,            | d   :-  || d   | d   ||
| f,  :-.f, :l, .se,  | l,  :t,  :d   | l,    :s, :s,            | s,  :-  || l,  | s,  ||
| d   :-.d  :m .m     | m   :s   :s   | f .r  :m  :f             | m   :-  || f   | m   ||
| f,  :-.f, :m, .m,   | l,  :s,  :d   | f,    :s, {:s, / :s2}    | d,  :-  || f,  | d,  ||
```

A-men.

1. *O Christ, now come and save us, save us, Lord,*
As once Thou didst in guise and aspect new,
Behind closed doors, to those who suffered dread,
And soothed them with thy noble words of peace:
Proclaim to us this day that selfsame word,
And show the wounds of thy great sacrifice.

2. *Our hope still comes from thy great sacrifice,*
On earth we have but fragile unison;
Weary of worldly wars and servitude
We long for real freedom, concord too:
Give us the living peace 'twixt God and man,
Give us the fragrant grace to live as one.

3. *Teach us to live united, brotherlike,*
Supported by thy love our whole lives through;
Let not the force of arms oppress the weak,
Our sole and only power is the cross;
From fire's deluge, Lord, protect us now,
Save and deliver us, O Christ our Lord.

76.76.D

34. Wilton Square

M.Watts-Hughes

1. O'th flaen, O! Dduw, 'rwy'n dyfod,
Gan sefyll o hir-bell;
Pechadur yw fy enw –
Ni feddaf enw gwell;
Trugaredd wy'n ei cheisio,
A'i cheisio eto wnaf,
Trugaredd imi dyro,
'Rwy'n marw onis caf.

2. Pechadur wyf, mi welaf,
O! Dduw, na allaf ddim;
'Rwy'n dlawd, 'rwy'n frwnt, 'rwy'n euog,
O! bydd drugarog im;
'Rwy'n addef nad oes gennyf,
Trwy 'mywyd hyd fy medd,
O hyd ond gweiddi – 'Pechais!
Nid wyf yn haeddu hedd.'

3. Mi glywais gynt fod Iesu,
A'i fod Ef felly'n awr,
Yn derbyn publicanod
A phechaduriaid mawr;
O! derbyn, Arglwydd, derbyn
Fi hefyd gyda hwy,
A maddau'r holl anwiredd,
Heb gofio'r camwedd mwy.

THOMAS WILLIAMS, BETHESDA'R FRO, 1761-1844

Lah G   Doh B♭   76. 76. D   M. Watts-Hughes.

D.C.

```
:m,|d  :-.d |t,  :l,   |s,:f,|m,  :m,  |l, :-.l,|l, :t,|se,:-|- ||
:m,|m, :-.m,|m,.r,:d,.r,|m,:r,|t2  :t2  |d, :-.m,|f, :f,|m,  :-|- ||
:m,|l, :-.l,|se, :l,.t,|d :l,|se,:se,|l, :-.l,|l, :r |t,  :-|- ||
:m,|l2 :-.l2|m,  :f,   |d,:r,|m,  :r,  |d, :-.d,|r, :r,|m,  :-|- ||

:l,|l, :-.l,|l, :l,|l, :- |t, :t,|t,  :-.t, |t,  :t, |t,  :- |d  ||
:m,|m, :-.m,|m, :m,|f, :- |f, :f,|m,  :-.m, |m,  :se,|se,:- |l, ||
:d |d  :-.d |l, :d |r  :- |r  :t,|se,:-.se,|m   :r  |r   :- |d  ||
:l2|l2 :-.l2|d, :l2|r, :- |r, :r,|m,  :-.m, |se,:m, |m,  :- |l, ||

:l,|m  :-.m |r   :d |t,:l,|se,:m, |m, :l, |l, :l,   |l,:-|- ||l,|l, ||
:l,|l, :-.l,|se,:l,|f,:- |m,  :t2 |d, :m, |f, :f,   |m,:-|- ||f,|m, ||
:d |m  :-.m |m   :m |f :r |t,  :se,|l, :d  |r  :l,.t,|d :-|- ||r |de ||
:l,|d  :-.d |t,  :l,|r,:- |m,  :r, |d, :l2 |r, :r,   |l2:-|- ||r,|l2 ||
```

A-men.

1. *O Lord, I come before Thee,*
   I'm standing from afar;
   I'm weak, my name is sinner,
   No other name will do;
   I come to seek compassion,
   I'll seek it yet again,
   O Lord, show me compassion,
   Without it I shall die.

2. *O Lord, I am a sinner,*
   I fail in all I do,
   I'm poor, unclean, I'm guilty,
   Show me thy mercy, do;
   I know that through my lifetime,
   And till I'm at death's door,
   I'll shout – my name is sinner,
   No peace do I deserve.

3. *I heard that Jesus once did,*
   And still He does so now,
   Let publicans come to Him
   And sinners of all sorts;
   I beg Thee, Lord, receive me
   As Thou receivest them,
   Forgive each word of falsehood,
   Forget all my misdeeds.

M.H. **35. Ombersley** W.H.Gladstone

1. Pan fo'n blynyddoedd ni'n byrhau,
Pan fo'r cysgodion draw'n dyfnhau,
Tydi, yr unig un a ŵyr,
Rho olau haul ym mrig yr hwyr.

2. Er gwaeled fu a wnaethom ni,
Ar hyd ein hoes a'i helynt hi,
Er crwydro ffôl ar lwybrau gŵyr,
Rho Di drugaredd gyda'r hwyr.

3. Na chofia'n mawr wendidau mwy,
A maint eu holl ffolineb hwy;
Tydi, yr unig un a'i gŵyr,
Rho Di drugaredd gyda'r hwyr.

4. Mae sŵn y byd yn cilio draw,
A dadwrdd ynfyd dyn a daw;
A fydd ein rhan, Tydi a'i gŵyr,
Rho Di oleuni yn yr hwyr.

THOMAS GWYNN JONES, 1871-1949

Doh D M.H. W.H. Gladstone.

```
| m :r  :d | f :— :f | r  :d  :t, | m :— :— | m :f  :s | l :— :l |
| d :t, :d | d :— :r | r  :d  :t, | d :— :— | d :d  :d | d :— :d |
| s :f  :m | l :— :l | s  :—  :s  | s :— :— | s :f  :m | f :— :f |
| d :d  :d | d :— :d | t, :l, :s, | d :— :— | d :l, :d | f :— :f |

| r' :— :d' | t :— :— || s :l :t  | d' :— :r' | m' :r' :d' |
| f  :— :r  | r :— :— || d :d :m  | m  :— :f  | m  :f  :s  |
| l  :— :l  | s :— :— || m :l :se | l  :— :t  | d' :t  :d' |
| r  :— :f  | s :— :— || d :f :m  | l  :— :s  | d  :r  :m  |

| l  :— :— | s  :m :r  | d  :— :f  | m  :— :r  | d :— :— || f  | m ||
| d  :— :— | d  :t, :t, | d  :— :d  | d  :— :t, | d :— :— || d  | d ||
| d' :— :— | d' :s :f  | m  :— :l  | s  :— :f  | m :— :— || l  | s ||
| f  :— :— | m  :s :s, | l, :— :f, | s, :— :s, | d :— :— || f, | d ||
```

A-men.

1. *Now as our years to sunset draw,*
Now as the shadows longer grow,
Thou art the only one who knows,
Give us a ray in life's twilight.

2. *Though base the things that we have done*
Throughout our lives, its ups and downs,
Though we have followed crooked paths,
O show compassion, as light fades.

3. *Forget our many feeble ways,*
And all the foolish things we did;
Thou art the only one who knows,
O show compassion as light fades.

4. *And now the sounds of earth retreat,*
And man's mad babble fades away;
Only Thou knowest what will be,
O bring us light at eventide.

87.87.47.

36. Coedmor

R.L.Jones

1. Pan oedd Iesu dan yr hoelion
   Yn nyfnderoedd chwerw loes,
   Torrwyd beddrod i obeithion
   Ei rai annwyl wrth y groes;
   Cododd Iesu!
   Nos eu trallod aeth yn ddydd.

2. Gyda sanctaidd wawr y bore
   Teithiai'r gwragedd at y bedd,
   Clywid ing yn sŵn eu camre,
   Gwelid tristwch yn eu gwedd;
   Cododd Iesu!
   Ocheneidiau droes yn gân.

3. Wyla Seion mewn anobaith,
   A'r gelynion yn cryfhau;
   Gwelir myrdd yn cilio ymaith
   At allorau duwiau gau;
   Cododd Iesu!
   I wirionedd gorsedd fydd.

E.CEFNI JONES, 1871-1972

Doh G 87. 87. 47. R.L. Jones.

```
| d   :–  :m  | s   :m  :–  | d  :–.r :d  | m   :r  :–  | d  :–.t, :l, |
| s,  :–  :s, | s,  :s, :–  | l, :–   :d  | d   :t, :–  | s, :–    :f, |
| m   :–  :d  | r   :m  :–  | m  :–   :fe | s   :s  :–  | d  :–    :d.r |
| d   :–  :d  | t,  :d  :–  | l, :–   :l, | s,  :s, :–  | m, :–    :f, |
```

```
                                D.C.                          :||:
| s   :d  :–  | r  :–.m :r  | d  :– :– || d  :– :m  | s   :l  :– | l :– :l  |
| m,  :s, :d  | d  :–   :t, | d  :– :– || s, :– :d  | t,  :l, :– | d :– :t, |
| m   :–  :s  | l  :–   :f  | m  :– :– || m  :– :m  | m.r :d  :– | f :– :f  |
| d,  :–  :m, | f, :–   :s, | d, :– :– || d  :– :l, | m,  :f, :– | f :– :r  |
```

```
| s.,f :m :– | d  :–.t, :l, | s,  :d  :–  | r  :–.m :r  | d  :– :– || d  | d  ||
| d    :d :– | s, :–    :f, | m,  :s, :d  | d  :–   :t, | d  :– :– || l, | s, ||
| s    :s :– | d  :–    :d.r| m   :–  :s  | l  :–   :f  | m  :– :– || f  | m  ||
| m.,r :d :– | m, :–    :f, | d,  :–  :m, | f, :–   :s, | d, :– :– || f  | d, ||
                                                                      A-men.
```

1. *Jesus on the cross was suffering*
   In the throes of bitter pain,
   All the hopes of his disciples
   In the unwelcoming earth were laid;
   Christ's arisen!
   Night of sorrow turns to day.

2. *In the holy light of daybreak,*
   Lo! the women at the grave,
   In their footsteps grief is echoed
   On their faces sadness speaks;
   Christ's arisen!
   Sounds of anguish turn to song.

3. *Zion weeps in grim despondence*
   As the enemies gather force;
   In their thousands men retire
   Towards altars of false gods;
   Christ's arisen!
   Truth enthroned we now shall see.

76.76.D

37. Whitford

J.Ambrose Lloyd

1. Pechadur wyf, O! Arglwydd,
   Sy'n curo wrth dy ddôr;
   Erioed mae dy drugaredd
   Ddiddiwedd imi'n stôr:
   Er iti faddau beiau
   Rifedi'r tywod mân,
   Gwn fod dy hen drugaredd
   Lawn cymaint ag o'r blaen.

2. Dy hen addewid rasol
   A gadwodd rif y gwlith
   O ddynion wedi eu colli
   A gân amdani byth;
   Er cael eu mynych glwyfo
   Gan bechod is y nen,
   Iacheir eu mawrion glwyfau
   Â dail y bywiol bren.

3. Gwasgara'r tew gymylau
   Oddi yma i dŷ fy Nhad;
   Datguddia imi beunydd
   Yr iachawdwriaeth rad;
   A dywed air dy Hunan
   Wrth f'enaid clwyfus trist,
   Dy fod yn maddau 'meiau
   Yn haeddiant Iesu Grist.

Morgan Rhys, 1716-1779

Lah G Doh B♭ 76. 76. D J. Ambrose Lloyd.

```
|m  :–  |r  :d  |t, :l, |l, :se,|   :m, |l, :t, |d  :r  |t, :–  ||
|m, :–  |m, :m, |m, :d, |m, :m, |   :m, |m, :m, |m, :f, |m, :–  ||
|d  :–  |t, :l, |se,:l, |d  :t, |   :se,|l, :se,|l, :l, |se,:–  ||
|l, :–  |se,:l, |m, :f, |m, :m, |   :m, |d, :m, |l, :r, |m, :–  ||

|m  :–  |r  :d  |t, :l, |l, :se,|   :m, |l, :t, |d  :t, |l, :–  ||
|m, :–  |f, :m, |m, :m, |m, :m, |   :m, |d, :f, |m, :m, |d, :–  ||
|l, :–  |l, :l, |se,:d  |d  :t, |   :l, |l, :l, |l, :se,|l, :–  ||
|d, :–  |r, :l2 |m, :l, |m, :m, |   :d, |f, :r, |m, :m, |l2 :–  ||

|d  :–  |t, :d  |r  :t, |d  :l, |   :d  |r  :m  |f  :r  |m  :–  ||
|m, :–  |m, :m, |se,:se,|l, :m, |   :l, |l, :l, |l, :s, |s, :–  ||
|l, :–  |se,:l, |t, :m  |m  :d  |   :m  |r  :de |r  :t, |d  :–  ||
|l, :–  |m, :m, |m, :m, |l, :l, |   :l, |f, :m, |r, :s, |d, :–  ||

|m  :–  |f  :m  |r  :d      |d  :t, |   :d  |l, :t, |d  :t, |l, :–  ||l, |l,  ||
|s, :–  |s, :s, |s, :m,.l,  |l, :se,|   :l, |l, :l, |l, :se,|m, :–  ||f, |m,  ||
|d  :–  |r  :d  |t, :l,.m   |m  :m  |   :m  |d  :f  |m  :m  |d  :–  ||r  |de  ||
|d  :–  |t, :d  |s, :l,     |m, :m, |   :d, |f, :r, |m, :m, |l2 :–  ||r, |l2  ||
                                                                        A-men.
```

1 *O Lord, I am a sinner,*
Who's knocking at thy door;
Thy mercy floweth freely
In never-ending store:
Thou hast misdeeds forgiven,
Countless as grains of sand,
Yet still thy mercy floweth,
It knows no bounds, no bars.

2. *Thy promise Thou hast honoured,*
It's been the saving grace
Of countless hordes of lost souls
Who praise Thee still in song;
Though they be often wounded
By sin on earth below,
The tree of life and its leaves
Will heal their open wounds.

3. *Disperse the dense cloud curtain,*
That hides the house of God;
Reveal to me for ever
Thy free salvation, Lord;
And speak to me, reassure
My spirit hurt and sad,
That Thou wilt give forgiveness
Through our Lord Jesus Christ.

87.87.47.

38. Tyddyn Llwyn

Evan Morgan
(Llew Madog)

1. Pwy a'm dwg i'r Ddinas gadarn,
Lle mae Duw'n arlwyo gwledd,
Lle mae'r awel yn sancteiddrwydd,
Lle mae'r llwybrau oll yn hedd?
Hyfryd fore,
Y caf rodio'i phalmant aur.

2. Pwy a'm dwg i'r Ddinas gadarn,
Lle mae pawb yn llon eu cân,
Neb yn flin ar fin afonydd
Y breswylfa lonydd lân?
Gwaith a gorffwys
Bellach wedi mynd yn un.

3. Pwy a'm dwg i'r Ddinas gadarn,
Lle caf nerth i fythol fyw
Yng nghartrefle'r pererinion –
Hen dreftadaeth teulu Duw?
O! na welwn
Dyrau gwych y Ddinas bell.

4. Iesu a'm dwg i'r Ddinas gadarn:
Derfydd crwydro'r anial maith,
Canu wnaf y gainc anorffen
Am fy nwyn i ben fy nhaith;
Iachawdwriaeth
Ydyw ei magwyrydd hi.

JOHN GRUFFUDD MOELWYN HUGHES, 1866-1944

Lah E Doh G 87. 87. 47. Evan Morgan (Llew Madog).

```
|l, :d .r  |m :m  |r :m .r   |d :t,  |d :t,  |l, :t, .d   |r :d   |t, :– ||
|m, :l,.t, |d :s, |t, :d .t, |l, :se,|m, :se,|l, :se, .l, |t, :l, |se,:– ||
|d :m .s   |s :m  |s :s .f   |m :m   |d :r   |m :m        |f :m   |m :–  ||
|l, :l,.s, |d :d  |s, :d,.r, |m, :m, |l, :t, |d :t, .l,   |se,:l, |m, :– ||

|l, :d .r   |m :m    |r :m .r   |d :t,  |d :r   |m :m .r    |d :t,   |l, :– ||
|l, :l,.se, |l, :s,  |t, :d .t, |l, :se,|l, :l, |se, :l,    |l, :se, |l, :– ||
|d :m .r    |d :m    |s :s .f   |m :m   |m :l,  |t, :m .f   |m :r    |d :–  ||
|l, :l,.t,  |d :d    |s, :d,.r, |m, :m, |l, :f, |m, :d,.r,  |m, :m,  |l, :– ||

                    :||:
|d   :d.r |m   :m   |m   :l   |se  :m   |m   :m.f |s  :m  |r .m:f  |
|l,  :l,  |t,  :t,  |l,  :d   |t,  :t,  |d   :d   |d  :d  |t,.d:r  |
|m   :l   |se  :se  |m   :m   |m   :se  |l   :s   |s  :s  |s   :s  |
|l,  :f,  |m,  :m,  |d   :d.r |m   :m   |l,  :d.r |m  :d  |s,  :s, |

             :||:
|m  :–  |m   :m   |m .,f :m.r     |d   :t,   |l,  :– || l,  |l,  ||
|d  :–  |l,  :t,  |d .,r :d.l,    |l,  :se,  |l,  :– || f,  |m,  ||
|s  :–  |m   :se  |l .,se:l.f     |m   :r    |d   :– || r   |de  ||
|d  :–  |d   :t,  |l, .,t, :d.r   |m   :m,   |l,  :– || r,  |l,  ||
```

A - men.

1\. *Who will lead me to the City*
Where my God prepares a feast,
Where the air is always holy,
Where the paths are all in peace?
Wondrous morning,
When I'll walk its paths of gold.

2\. *Who will lead me to the City,*
Where all songs are full of joy,
No despairing by the rivers
In this holy dwelling place?
Work and respite
Now the two of them are one.

3\. *Who will lead me to the City*
Where I'll live eternally
In the homeland of the pilgrims –
Home of God's own family?
O to glimpse the
Distant city's glorious spires.

4\. *Christ will lead me to the City:*
Now the desert journey's done,
Now I'll sing the air unfinished
For I've reached the promised land;
Thy salvation
Knows no limits, no frontiers.

76.76.D

39. Jabez

Alaw Gymreig

1. 'Rwy'n llefain o'r anialwch
Am byrth fy ninas wiw;
Jerwsalem fy nghartref,
Jerwsalem fy Nuw!
Pa bryd y caiff fy llygaid,
Pa bryd y caiff fy mhen
Ymagor ac ymorffwys
Ym mro Caersalem wen?

2. Gad imi fara'r bywyd,
Gad imi'r dyfroedd byw.
Ar ddeau law fy Mhrynwr
Yn ninas wen fy Nuw:
'Rwy'n sefyll ac yn curo,
O! agor Dithau'r ddôr,
Am Saboth ac am demel
Jerwsalem fy Iôr.

3. 'Rwy'n trigo ar y ddaear,
Gan edrych ar y wawr,
A disgwyl am ddisgyniad
Jerwsalem i lawr;
Er bod y nef yn gwgu
Ar ael y cwmwl draw,
'Rwy'n credu ac yn canu,
'Jerwsalem a ddaw.'

4. Er dalled yw fy ngolwg,
Er trymed yw fy nghlyw,
Mi welaf mewn addewid
Jerwsalem fy Nuw:
Mi welaf demel Seion,
Mi glywaf Jiwbili,
Mi welaf ddinas sanctaidd –
Jerwsalem yw hi.

JOHN CEIRIOG HUGHES (CEIRIOG), 1832-1887

Lah G Doh B♭ 76. 76. D Alaw Gymreig.

:l,.se, |l, :– :t, |d :– :t, |d :t, :d .r |m :– :r |
:m, |m, :– :m, |m, :– :m, |m, :m, :m, |l, :– :f, |
:d .t, |l, :– :l,.se, |l, :– :r |d.l, :se, :m |d :– :l, |
:l_2.t_2 |d, :– :m, |l, :– :l,.se, |l, :m, :l_2.t_2 |d, :– :r, |

D.C.

d :– :t,	l, :–		t,	d :– :r	m :– :r	m.d :t, :d.t,
m, :– :r,	d, :–		m,	m, :– :s,	s, :– :s,	s, :s, :se,
l, :– :se,	l, :–		se,	l, :– :t,	d :– :t,	d :r :m.r
m, :– :m,	l_2 :–		m,	l, :– :s,	d :– :s,	m, :s, :m,

l, :– :t,.l,	s, :l, :fe,	m, :–		l,.se,	l, :– :t,
l, :– :f,	m, :– :m,.re,	m, :–		m,	m, :– :m,
d :– :r .d	t, :d :t,	s, :–		d .t,	l, :– :l,.se,
f, :– :r,	m, :l_2 :t_2	m, :–		m,.r,	d, :– :m,

d :– :t,	d :t, :d .r	m :– :r	d :– :t,	l, :–		l,	l,	
m, :– :m,	m, :m, :m,	l, :– :f,	m, :– :r,	d, :–		r,	de,	
l, :– :r	d.l, :se, :l,.t,	d :– :l,	l, :– :se,	l, :–		f,	m,	
l, :– :l,.se,	l, :m, :l,	l, :– :r,	m, :– :m,	l_2 :–		r,	l_2	

A - men.

1. *O hear me from the desert,*
I'm weeping for my home;
Jerusalem my homestead,
Jerusalem of God!
When shall my eyes re-open,
When shall my head take rest,
When shall I reach my dwelling:
Holy Jerusalem?

2. *Give me the bread of living,*
Give me the streams of life,
O take me to God's right hand
In his own holy land:
I stand here, Lord, and long for
(O open, pray, the door)
The temple and the Sabbath
Of sweet Jerusalem.

3. *Though on the earth I'm living,*
I look towards the dawn,
I'm longing and I'm yearning –
Jerusalem descend!
Although the heavens are frowning,
Upon the cloud's white brow,
My song, my faith, is always:
Jerusalem will come.

4. *Although my sight is failing,*
Although I hear not well,
I still perceive the promise:
My God's Jerusalem.
I see the temple of Zion,
I hear the Jubilee,
I see the Holy City –
Jerusalem is she.

86.86.88.

40. Tydi a roddaist

Arwel Hughes

1. Tydi, a roddaist liw i'r wawr,
   A hud i'r machlud mwyn;
   Tydi, a luniaist gerdd a sawr,
   A gwanwyn yn y llwyn:
   O! cadw ni rhag colli'r hud
   Sydd heddiw'n crwydro drwy'r holl fyd.

2. Tydi, a luniaist gân i'r nant,
   A'i si i'r goedwig werdd;
   Tydi, a roist i'r awel dant,
   Ac i'r ehedydd gerdd:
   O! cadw ni rhag dyfod dydd
   Na yrr ein calon gân yn rhydd.

3. Tydi, a glywaist lithriad traed
   Ar ffordd Calfaria gynt;
   Tydi, a welaist ddafnau gwaed
   Y Gŵr ar ddieithr hynt:
   O! cadw ni rhag dyfod oes
   Heb goron ddrain, na chur, na chroes.

THOMAS ROWLAND HUGHES, 1903-1949

Lah E Doh G 86. 86. 88. Arwel Hughes.

:l, | d :— :t, | l,:m :r | d :—.r:d | t, :— :t, | m :—.r:d |
:l, | l, :— :se, | l,:— :se, | t,:l, :fe, | s, :— :f, | m, :— :l,.s, |
:d | m :— :r | d :m :m | m :— :r | r :— :r | d :— :m |
:l, | l, :— :m, | f,:d, :m, | l,:— :r, | s, :— :se, | l, :— :l, |

| t,.,d:r :d.t, | l,:— :— | — :— || l, | d :— :t, | l,:m:r | d :—.r:d | t,:—
| f, :l, :se, | l,:— :— | — :— || l, | l,:s, :f, | m,:—:se, | t,:l, :fe, | s,:—
| r :f :m.r | d :— :— | — :— || d | d :— :r | m :—:m | m :— :r | r :—
| r, :— :m, | l,:— :— | — :— || l, | f,:m, :r, | d,:—:m, | l,:— :r, | s,:—

D. t. f. G.

:ᵗm | l:— .t :d | t.,d':r':d'.t | l :— :— | —:— || ˡm | s :— :m | d:—.t,:l, |
:ᵗm | m:— .r :d | f :—:m.r | d :— :— | —:— || ˡm | s :— :m | d:—.t,:l, |
:ᵗm | m:ba.se:l | l :—:se | l :— :— | —:— || ˡm | s :— :m | d:—.t,:l, |
:ᵗm | d:— .t, :l, | r :—:m | l,:— :— | —:— || ˡm | s :— :m | d:—.t,:l, |

d :— :r	m :— :m	l :— :s	m:—.r :d	t,.,d:r :d.t,	l, :—	
l,:— :l,	l,:se,:se,	l, :m :r	d:—.t,:l,.s,	f, :l,:se,	l, :—	
m :— :f	t,:m :m	m :l :r	s:— :m	r :f :m.r	d :—	
l,:s, :f,	m,:— :r	d :— :t,	d:— :d,	r, :— :m,	l, :—	

l :— :—	s :— :— ’	f :— :—	m :— :— ’	:d' :—
d :— :r	m :— :—	l, :— :r	t, :— :—	d :— :m
l :— :t	d' :— :—	l :— :t	se :— :—	l :— :—
f :— :—	d :— :—	r :— :—	m :— :—	l, :— :d
A — men, A — men, A —

—.t:r' :d'.t	l :— :— ’	*ff* se :— :—	l :— :—	
f :— :m.r	d :— :r	t, :m :r	de :— :—	
— :— :se	l :— :—	t :— :—	l :— :—	
r :— :m	f :— :—	m :— :—	m :— :—	
		m :— :—	l, :— :—	
— — — men, A — men.

1. *O Lord, who gave the dawn its hue,*
   And charmed the setting sun;
   Creator of the scent and song
   Of spring in field and hedge:
   Preserve us, Lord, lest we should lose
   The magic spreading through the world.

2. *O Lord, who gave the brook its lilt,*
   The murmur to the trees;
   Who gave the gentle breeze its tune,
   And to the lark its song:
   O keep us, Lord, lest come a day,
   No song springs from our hearts away.

3. *O Lord, who heard the tread of feet*
   Upon Mount Calvary's path;
   O Lord, who saw the drops of blood
   Of that strange Son of thine:
   Preserve us, from an age that has
   No crown of thorns, no grief, no cross.

10.10.10.10.D

41. Pantyfedwen

M.Eddie Evans

1. Tydi a wnaeth y wyrth, O! Grist, Fab Duw,
Tydi a roddaist imi flas ar fyw;
Fe gydiaist ynof trwy dy Ysbryd Glân,
Ni allaf, tra bwyf byw, ond canu'r gân;
'Rwyf heddiw'n gweld yr harddwch sy'n parhau,
'Rwy'n teimlo'r ddwyfol ias sy'n bywiocáu;
Mae'r Haleliwia yn fy enaid i,
A rhoddaf, Iesu, fy mawrhad i Ti.

2. Tydi yw haul fy nydd, O! Grist y groes,
Yr wyt yn harddu holl orwelion f'oes;
Lle'r oedd cysgodion nos mae llif y wawr,
Lle'r oeddwn gynt yn ddall 'rwy'n gweld yn awr;
Mae golau imi yn dy berson hael,
Penllanw fy ngorfoledd yw dy gael;
Mae'r Haleliwia yn fy enaid i,
A rhoddaf, Iesu, fy mawrhad i Ti.

3. Tydi sy'n haeddu'r clod, ddihalog Un,
Mae ystyr bywyd ynot Ti dy hun;
Yr wyt yn llanw'r gwacter trwy dy air,
Daw'r pell yn agos ynot, O! Fab Mair;
Mae melodïau'r cread er dy fwyn,
Mi welaf dy ogoniant ar bob twyn;
Mae'r Haleliwia yn fy enaid i,
A rhoddaf, Iesu, fy mawrhad i Ti.

William Rhys Nicholas, 1914-

Doh F   10. 10. 10. 10. D   M. Eddie Evans.

.d :d .r | m :- .d | r .r :d .t, | d :- | - .d :r .m |
.s, :l, .t, | d :- .d | l, .l, :s, .s, | s, :- | - .l, :t, .d |
.m :m .s | s :- .s | f .f :m .r | m :- | - .m :s .s |
.d :l, .s, | d :- .m, | f, .f, :s, .s, | d :- | - .l, :s, .d |

f :- .f	f .m :m .r	r :-	- .r :s .f	m :- .m	l .s :f .m
d :- .d	r .d :d .d	t, :-	- .t, :d .r	d :- .r	de .de :de .de
l :- .l	l .s :s .fe	s :-	- .f :m .s	s :- .s	m .l :l .l
d :- .d	t, .d :l, .r	s, :-	- .s, :l, .t,	d :- .ta,	l, .l, :l, .l,

f :-	- .f :m .r	s :- .m	r .s :t .l	s :-	- .	
r :-	- .r :d .t,	d :- .d	t, .t, :d .d	t, :-	- .	
l :-	- .l :s .s	s :- .s	s .s :fe .fe	s :-	- .	
r :-	- .r :s .f	m :- .d	r .r :r .r	s, :-	- .	

.m :m .f	s :- .m	r .r :r .m	f :-	- .r :r .m
.d :d .r	m :- .d	t, .ta, :l, .de	r :-	- .ta, :l, .de
.s :s .s	d' :- .s	s .s :l .l	l :-	- .s :l .l
.d :d .d	d :- .d	s .s :f .m	r :-	- .s :f .m

f :- .r	s .f :m .r	m :-	- .s :s .d'	d' :- .l	s .s :f .m
r :- .t,	d .d :d .t,	d :-	- .d :t, .d	d :- .d	d .d :t, .d
l :- .s	s .l :s .s	s :-	- .m :f .s	l :- .d'	s .s :s .s
r :- .f	m .r :s, .s,	d :-	- .d :r .m	f :- .f	m .m :r .d

r :-	- .s :s .f	m :- .s	f .r :d .t,	d :-	- .		d	d	
t, :-	- .d :d .t,	d :- .d	d .l, :s, .s,	s, :-	- .		l,	s,	
s :-	- .s :l .s	s :- .ta	l .f :m .r	m :-	- .		f	m	
s, :-	- .m :r .s,	d :- .m,	f, .f, :s, .s,	d :-	- .		f,	d,	

A-men.

1. *O Thou, the maker of the miracle,*
O Thou who added flavour to my life;
Thy Holy Spirit caught me in its grip,
I can but sing the song throughout my life;
Today I see the beauty which survives,
I feel the holy shiver which revives;
The Hallelujah is within my soul,
My grateful thanks, O Christ, I give to Thee.

2. *Thou art the sunshine of my day, O Christ,*
Which beautifies all aspects of my life;
The shadows of the night have turned to dawn,
Time past when I was blind, but now I see;
The light is shining through thy gentle being,
To have Thee is the peak of my delight;
The Hallelujah is within my soul,
My grateful thanks, O Christ, I give to Thee.

3. *Thou dost deserve all praise, O hallowed One,*
Within Thee lies the meaning of all life;
Thou fill'st the emptiness with thy true word,
The distance now is close, O Mary's Son;
Creation's melodies are all for Thee,
I see thy glory shine on each hedgerow;
The Hallelujah rises in my soul,
My grateful thanks, O Christ, I give to Thee.

M.S.

42. Arennig

Briegel

1. Tyrd, Ysbryd Glân, i'n c'lonnau ni,
   A dod d'oleuni nefol;
   Tydi wyt Ysbryd Crist; dy ddawn
   Sy fawr iawn a rhagorol.

2. Llawenydd, bywyd, cariad pur,
   Ydyw dy eglur ddoniau;
   Dod eli i'n llygaid, fel i'th saint,
   Ac ennaint i'n hwynebau.

3. Gwasgara Di'n gelynion trwch,
   A heddwch dyro inni;
   Os T'wysog inni fydd Duw Nêr,
   Pob peth fydd er daioni.

4. Dysg in adnabod y Duw Dad,
   Y gwir Fab Rhad a Thithau,
   Yn un tragwyddol Dduw i fod,
   Yn hynod Dri Phersonau;

5. Fel y molianner, ym mhob oes,
   Y Duw a roes drugaredd,
   Y Tad, y Mab, a'r Ysbryd Glân;
   Da datgan ei anrhydedd.

Cyf. Rowland Fychan, *c.*1590-1667

Lah E Doh G M.S. Briegel.

```
|l, :– |d :m |r :t,  |d :r |m :– ‖ m :– |m :f |m :d |r :–   |d :– ‖
|m, :– |l, :l, |l, :se, |l, :l, |se, :– ‖ l, :– |t, :l, |s, :d |d :t,  |d :– ‖
|d :– |m :m |f :m  |m :r |t, :– ‖ d :– |m :d |d :m |l :s.f |m :– ‖
|l, :– |l, :d, |r, :m, |l, :f, |m, :– ‖ l, :– |s, :f, |d :l, |f, :s,  |d, :– ‖
```

```
|m :– |s :m |r :m |d :r :t, :– |m :– |d :l, |r :d |t, :–   |l, :– ‖
|s, :– |s, :s, |s, :s, |l, :t, :se, :– |t, :– |l, :m, |se, :l, |l, :se, |l, :– ‖
|d :– |r :d |t, :d |d :f :m :– |m :– |m :d |r :m |f :m.r |d :– ‖
|d :– |t, :d |s, :d, |f, :r, :m, :– |se, :– |l, :d |t, :l, |r, :m,  |l, :– ‖
```

```
|l, |l, ‖
|f, |m, ‖
|r  |de ‖
|r, |l, ‖
 A - men.
```

1. *O Holy Spirit, fill our hearts*
   And give us light from heaven;
   Thou art Christ's Spirit, and thy gifts
   Are truly great and wondrous.

2. *Life, happiness and pure love,*
   Are thy most obvious treasures;
   O salve our eyes, just like thy saints,
   Pour balm upon our faces.

3. *O scatter all our enemies,*
   Deliver peace unto us;
   If God above is our Prince,
   All things are filled with goodness.

4. *Teach us to know our Father God,*
   The Blessed Son and Spirit,
   The eternal God who shall remain,
   Inseparable Three Persons.

5. *So let all ages sing the praise*
   Of God who showed us mercy,
   O Father, Son and Holy Ghost;
   Let us proclaim thine honour.

87.87.D

43. Tanymarian

E.Stephen

1.
Tyred, Ysbryd yr addewid,
O'r uchelder pur i lawr,
Yn dy ddoniau cadwedigol,
Er aileni tyrfa fawr;
Rhwyga'r nef yn awr a disgyn
Ar bob oedran heb wahân;
Llanw'r byd a'r eglwys hefyd
Ag effeithiau'r dwyfol dân.

2.
Gweithia'n rymus ar eneidiau,
Galw filoedd fyrdd i'th dŷ;
Gwawried bellach ar y ddaear
Hyfryd ddyddiau Jiwbili;
Chwythed y deheuwynt nefol
Nes adfywio pawb i gyd,
Nes bod rhinwedd a sancteiddrwydd
Yn teyrnasu dros y byd.

DANIEL SILVAN EVANS, 1818-1903

Lah E Doh G 87. 87. D E. Stephen.

```
|m  :-.m  |r  :f  |m  :r  |d  :l,  |d  :-.t, |l, :t,  |d  :r  |t,  :- ||
|s, :-.s, |l, :t, |d  :t, |l, :m,  |m, :-.m, |l, :se, |l, :l, |se, :- ||
|d  :-.d  |l, :r  |d  :f  |m  :d   |d  :-.d  |d  :m   |m  :f  |m   :- ||
|d  :-.d, |f, :r, |l, :se,|l, :d   |l, :-.s, |f, :m,  |l, :r, |m,  :- ||
```

```
|m  :-.m  |r  :f  |m  :r  |d  :l,  |d  :-.t, |m  :r  |d  :t, |d  :- ||
|s, :-.s, |l, :t, |d  :t, |l, :m,  |l, :-.t, |l, :l, |s, :s, |s, :- ||
|d  :-.d  |l, :r  |d  :f  |m  :d   |m  :-.m  |s  :f  |m  :r  |m  :- ||
|d  :-.d, |f, :r, |l, :se,|l, :d   |l, :-.s, |f, :f, |s, :s, |d, :- ||
```

D. t.

```
|(m)l   :-.t |d' :t |d' :l |l :s  |l :-.t |d' :t  |l :se |l  :- ||
|(s,)d  :-.r |d  :f |m  :d |d :d  |d :-.r |m  :f  |m :r  |d  :- ||
|(m)l   :-.s |s  :s |s  :f |f :m  |f :-.f |s  :r' |d :t  |l  :- ||
|(d)f   :-.f |m  :r |d  :f |d :d  |f :-.r |d  :r  |m :m  |l, :- ||
```

f. G.

```
|(r')l      :-.l  |s  :m.r |d.t, :d .r |m  :r  |l :-.l |s :m.r  |d :t,  |l, :- ||
|(r)l,      :-.d  |t, :t,  |l,   :l,   |d  :t, |d :-.d |d :d.t, |l, :se,|l, :- ||
|(f)d       :-.f  |r  :s.f |m    :l    |s  :s  |f :-.f |s :s.f  |m :r   |d  :- ||
|(ta,)f,    :-.f, |s, :s,  |l,   :f,   |s, :s, |f :-.f |m :d.r  |m :m,  |l, :- ||
```

```
| r  | de ||
| l, | l, ||
| f  | m  ||
| r, | l, ||
  A - men.
```

1. *Come, O Spirit of the promise,*
Down to earth from Heaven above,
With thy wondrous saving graces,
Give the multitude rebirth;
Tear the heavens apart and swoop down
On all ages, young and old;
Fill the world and fill the Church too
With the flame of fire divine.

2. *Work with strength upon our spirits,*
Gather myriads to thy house;
O'er the earth let break the dawn of
Golden days of Jubilee;
Let the heavenly wind blow gently
Until everyone's revived,
So that holiness and virtue
Reign henceforth o'er all the world.

M.B.C.

44. Sirioldeb

Joseph Parry

1. Un fendith dyro im,
   Ni cheisiaf ddim ond hynny;
Cael gras i'th garu Di tra fwy',
   Cael mwy o ras i'th garu.

2. Ond im dy garu'n iawn,
   Caf waith a dawn sancteiddiach;
A'th ganlyn wnaf bob dydd yn well.
   Ac nid o hirbell mwyach.

3. A phan ddêl dyddiau dwys,
   Caf orffwys ar dy ddwyfron;
Ac yno brofi gwin dy hedd,
   A gwledd dy addewidion.

4. Dy garu, digon yw,
   Wrth fyw i'th wasanaethu;
Ac yn oes oesoedd ger dy fron
   Fy nigon fydd dy garu.

ELISEUS WILLIAMS (EIFION WYN), 1867-1926

Doh A♭ M.B.C. Joseph Parry.

:s, |s, :-:d |d :t, :d |r :-:r |m .,m :r :d |t, :-:l, |s, :- ||s, |r :-:d |
:m, |m, :-:s, |f, :- :m, |s, :-:s, |s, .,s, :s, :s, |s, :-:fe, |s, :- ||s, |t, :-:d |
:s, |s, :-:s, |s, :- :s, |t, :-:t, |d .,d :f :m |r :-:d |t, :- ||s |s :-:s |
:d, |d, :-:m, |r, :- :d, |s, :-:s, |d, .,d, :t_2 :d, |r, :-:- |s, :- ||s, |f :-:m |

f :-:m	m :r :d	t, :-:r	s :-:f	m :-:m	r :d :t,	d :-		d	d	
d :t, :d	l, :-:l,	s, :-:s,	s, :d :t,	d :-:d .t,	l, :s, :-	s, :-		l,	s,	
s :-:s	s :f :m	r :-:t,	d :s :s	s :-:s	f :m :r .f	m :-		f	m	
r :-:d	f, :-:fe,	s, :-:s, .f,	m, :m :r	d :-:d,	f, :s, :-	d, :-		f,	d,	

A-men.

1. *One blessing grant, O Lord,*
One wish I ask, one only;
The grace to love Thee all my life,
And yet more grace to love Thee.

2. *And if my love is pure,*
My work and gifts be holier;
And I will always follow Thee,
Not from a distance longer.

3. *And when the times are hard*
I'll rest upon thy bosom;
And then I'll taste the wine of peace,
And feast upon thy promise.

4. *To love Thee is enough,*
And loyally to serve Thee;
Forever in thy company,
My whole delight: to love Thee.

87.87.47.

45. Cwm Rhondda

John Hughes

1. Wele'n sefyll rhwng y myrtwydd
Wrthrych teilwng o'm holl fryd:
Er mai o ran yr wy'n adnabod
Ei fod uwchlaw gwrthrychau'r byd:
Henffych fore
Y caf ei weled fel y mae.

2. Rhosyn Saron yw ei enw,
Gwyn a gwridog, teg o bryd;
Ar ddeng mil y mae'n rhagori
O wrthrychau penna'r byd:
Ffrind pechadur,
Dyma'r llywydd ar y môr.

3. Beth sydd imi mwy a wnelwyf
Ag eilunod gwael y llawr?
Tystio'r wyf nad yw eu cwmni
I'w gystadlu â'm Iesu mawr:
O! am aros
Yn ei gariad ddyddiau f'oes.

Ann Griffiths, 1776-1805

Doh A♭ 87. 87. 47. John Hughes.

```
| s, :l,  |s, :-.d  | d .t, :d .r   |m :r  | m  :d  |l,  :f    | m  :r  |d  :-  ||
| m, :f,  |s, :-.s, | s,    :s, .l, |s, :s,| s,  :f, |l,  :l,   | s, :f, |m, :-  ||
| d  :d   |d  :-.m  | m .r  :d      |d :t, | d  :d  |d   :d    | d  :t, |d  :-  ||
| d, :f,  |m, :r,   | d, .r, :m, .f,|s, :s,| d  :l, |f,  :r,   | s, :s, |d, :-  ||

| s, :l,  |s, :-.d  | d .t, :d .r   |m :r  | m  :f  |s   :f .r | d  :t, |d  :-  ||
| m, :f,  |s, :-.s, | s,    :s, .l, |s, :s,| s,  :l, |s,  :l,   | s, :s, |s, :-  ||
| d  :d   |d  :-.m  | m .r  :d      |d :t, | d  :d  |d   :d .f | m  :r  |m  :-  ||
| d, :f,  |m, :r,   | d, .r, :m, .f,|s, :s,| d  :l, |m,  :f,   | s, :s, |d, :-  ||

                                     :||:
| r   :-.m  |f      :r      | m  :-.f  |s     :m   | s  :-.s |s .s  :s .s   |
| t,  :-.d  |r      :s,     | d  :-.r  |m .r  :d   | d  :-.d |t, .d :s, .d  |
| f   :-.m  |r .d   :t, .r  | s  :-.f  |m     :s   | s  :-.s |f .m  :r .d   |
| s,  :-.s, |s, .l, :t,     | d  :-.s, |d .r  :m   | m  :-.m |r .d  :t, .l, |

                             :||:
| s   :-        |-  :-  | s  :-.f  |m .s :f .r | d  :t,    |d  :-  || d  | d  ||
| t, :||: :s, .t, |r  :-  | d  :-.t, |d    :l,   | s, :s,    |s, :-  || l, | s, ||
| s   :-        |-  :-  | s  :-.s  |s .m :d .f | m  :r .f  |m  :-  || f  | m  ||
| s, :||: :t, .r |f  :-  | m  :-.r  |d    :f,   | s, :s,    |d  :-  || f, | d, ||
                                                                       A - men.
```

1. *See Him stand among the myrtles*
Worthy object of my thoughts:
Even though I hardly know Him,
He outshines all worldly things;
Glorious morning
I shall see Him as He is.

2. *He is called the Rose of Sharon,*
Pure and rosy, fine of mien;
He surpasses countless numbers
Of the world's most treasured things:
Friend of sinners,
He's the captain at the helm.

3. *Charm no longer I perceive in*
Idols low and base on earth;
I will vouch that all their treasures
Don't compare with Jesus Christ:
Let me linger
In his love for ever more.

77.77.

46. Innocents

Joseph Smith(?)

1. Wele'r dydd yn gwawrio draw,
Amser hyfryd sydd gerllaw;
Daw'r cenhedloedd yn gytûn
I ddyrchafu Mab y Dyn.

2. Gwelir teyrnas Iesu mawr
Yn ben moliant ar y llawr;
Gwelir tŷ ein Harglwydd cu
Goruwch y mynyddoedd fry.

3. Gwelir pobloedd lawer iawn
Yn dylifo ato'n llawn;
Cyfraith Iesu gadwant hwy,
Ac ni ddysgant ryfel mwy.

4. Fe geir gweled Babel fawr
Wedi syrthio oll i lawr,
A'r teyrnasoedd mawr eu bri
Oll yn eiddo'n Harglwydd ni.

5. Yna clywir yn y nef,
Fawl i'r Oen ag uchel lef:
'Aeth teyrnasoedd mawr eu bri
Oll yn eiddo'n Harglwydd ni!'

John Thomas, Rhaeadr Gwy, 1730-1803

Doh E♭ 77. 77. Joseph Smith (?)

```
|m  :-.f  |s  :d'  |t    :l    |s  :-  |d  :-.r  |m  :s  |f     :m  |r  :-  ||
|d  :-.t, |d  :m   |r    :d.r  |m  :-  |d  :-.t, |d  :s, |l,.t, :d  |t, :-  ||
|s  :-.f  |m  :s   |f.s  :l.t  |d' :-  |m  :-.s  |s  :m  |f     :s  |s  :-  ||
|d  :-.r  |m  :d   |r.m  :f    |d  :-  |l, :-.s, |d  :m  |r     :d  |s, :-  ||
```

```
|m :-.f  |s :d'    |t     :l   |s  :-  |d :-.r  |m :f  |m  :r  |d :- ||d  |d  ||
|d :-.t, |d :m     |r     :r.d |t, :-  |d :-.t, |d :r  |d  :t, |d :- ||l, |s, ||
|s :-.f  |m :m.fe  |s     :fe  |s  :-  |s :-.f  |s :l  |s  :f  |m :- ||f  |m  ||
|d :-.r  |m :l,    |t,.d  :r   |s  :f  |m :-.r  |d :f, |s, :s, |d :- ||f, |d  ||
```

A-men.

1. *Dawn is breaking far away,*
Happy times are near by;
All the nations join to sing –
Glory to the Son of God.

2. *Jesus' kingdom shall be seen*
In full praise down here on earth;
Our Lord's dwelling place we'll see
High above the mountain tops.

3. *Crowds of people of all hues*
Flock towards Him on all sides;
They will keep his holy laws
And will practise war no more.

4. *Mighty Babel will be seen*
Crumbled down into the dust;
Mighty nations, empires too,
Will belong to Christ, our Lord.

5. *Then we'll hear above in heaven*
Glory to the Lamb on high:
'All the nations of the world
Now belong to Christ our Lord.'

47. Trewen

8888.D

D.Emlyn Evans

1. Wrth gofio'i riddfannau'n yr ardd,
A'i chwys fel defnynnau o waed,
Aredig ar gefn oedd mor hardd,
A'i daro â chleddyf ei Dad,
A'i arwain i Galfari fryn,
A'i hoelio ar groesbren o'i fodd;
Pa dafod all dewi am hyn?
Pa galon mor galed na thodd?

1. *Remember the garden, the groans,*
The sweat turned to trickles of blood,
The back that was furrowed and flayed
And struck by his own Father's sword,
And led out to Calvary hill
And willingly nailed to that cross;
What tongue can be still after this?
What heart e'er so hard will not melt?

THOMAS LEWIS, TALYLLYCHAU, 1759-1842

Lah E Doh G 8888. D D. Emlyn Evans.

```
:l, |d :- |t, :l, |se, :- |l, :t, |l, :- |- :t, |d :- |t, :d |r :- |d :r |
:m, |l, :- |se, :l, |m, :- |m, :m, |m, :- |- :se, |l, :- |t, :l, |l, :- |l, :l, |
:d |m :- |r :m |r :- |d :t, |d :- |- :m |m :- |f :m |r :- |m :l, |
:l, |l, :- |t, :d |t, :- |l, :se, |l, :- |- :m, |l, :- |se, :l, |f, :- |m, :f, |
```

```
|m :- |- || :l, |d :- |t, :l, |se, :- |l, :t, |d :- |- :r |m :- |r :d |
|se, :- |- || :l, |l, :- |se, :m, |f, :r, |l, :s, |s, :- |- :s, |s, :- |s, :m, |
|t, :- |- || :d |m :- |m :m |r :f |m :f |m :- |- :r |d :- |t, :l, |
|m, :- |- || :l, |l, :m |r :d |t, :- |d :r |d :- |- :t, |d :- |s, :l, |
```

```
|r :- |m :r |d :- |- || :m |m :- |d :l, |f :- |m :r |m :- |- :m |
|s, :- |s, :f, |m, :- |- || :m |m :- |d :l, |l, :- |l, :l, |se, :- |- :m |
|t, :- |t, :t, |d :- |- || :m |m :- |d :l, |r :- |d :r |t, :- |- :m |
|s, :- |s, :s, |d, :- |- || :m |m :- |d :l, |r, :- |m, :f, |m, :- |- :m |
```

```
|m :- |d :l, |l :- |s :fe |s :- |- || :f |m :- |r :d |t, :- |d :r |
|m :- |d :l, |l, :t, .d |t, :l, |t, :- |- || :r |d :- |t, :l, |se, :- |l, :t, |
|m :- |d :l, |m :- |r :r |r :- |- || :s |s :- |f :l |m :- |m :se |
|m :- |d :l, |d :- |r :r, |s, :- |- || :t, |d :- |r :re |m :- |m, :m, |
```

```
|d :- |- :d |d :- |t, :l, |se, :- |l, :t, |l, :- |- || l, |l, ||
|l, :- |- :l, |l, :- |f, :f, |m, :- |m, :m, |m, :- |- || f, |m, ||
|l :- |- :m |f :- |f :t, |t, :- |d :r |d :- |- || r |de ||
|f, :- |- :m, |r, :- |r, :r, |m, :- |m, :m, |l, :- |- || r, |l, ||
```

A - men.

77.77.D

48. Aberystwyth

Joseph Parry

1. Y mae'r ymdrech yn parhau,
Y mae 'ngobaith bron llesgáu;
Caled ydyw brwydro cyd
Â'r ddrwg galon ac â'r byd;
Ti, fu gynt ar Galfari,
Gwrando, gwrando ar fy nghri:
Hollalluog fraich fy Nuw
Gadwo eiddil un yn fyw!

2. Brodyr imi, fyrdd a mwy,
Yn yr ymdrech buont hwy;
Ond yn wyneb pob rhyw loes,
Gorchfygasant trwy y groes:
Minnau hefyd caf wrth raid
Eu Harweinydd hwy yn blaid;
Buddugoliaeth fydd fy nghân
Gyda saint y nefoedd lân.

JOHN OWEN WILLIAMS (PEDROG), 1853-1932

Lah F Doh A♭ 77. 77. D Joseph Parry.

```
|l,    :l,.t,  |d .r :m     |d    :t,    |l,  :-  |d   :t,   |l,  :se, |
|m,    :l,.se, |l,.t,:d     |l,   :se,   |m,  :-  |l,  :se,  |l,  :m,  |
|d     :m      |m    :m     |m    :m.r   |d   :-  |m   :m    |m   :m   |
|l,    :m,     |l,   :d,.r, |m,   :m,    |l,  :-  |l,  :t,   |d   :r   |

|l,.t,:d   |t,  :-  ||l,    :l,.t,  |d .r :m   |d    :t,    |l,  :-  |
|m,   :l,  |se, :-  ||m,    :m,.se, |l,.t,:d   |l,   :se,   |m,  :-  |
|m    :m   |m   :-  ||d .r  :m      |m    :m   |m    :t,.r  |d   :-  |
|d .t,:l,  |m,  :-  ||l,.t,:d .t,   |l,   :d,.r,|m,  :m,    |l,  :-  |

|t,  :d .r  |m  :r  |d  :t,   |l,  :-  ||l, :s,  |l,      :t, |d,  :m.r |d  :-  |
|se, :l,.t, |d  :t, |l, :se,  |m,  :-  ||f, :m,  |f,      :f, |s,  :t,  |s, :-  |
|m   :m .s  |s  :f  |m  :m.r  |d   :-  ||d  :d   |d       :r  |m   :s.f |m  :-  |
|m,  :l,.s, |d  :r  |m  :m,   |l,  :-  ||f, :d,  |f,.m,   :r, |d,  :s,  |d, :-  |

|d   :t,   |d   :r      |m    :s .fe |m  :-  ||l  :l     |s  :m  |d   :r  |m  :-  |
|l,  :se,  |l,  :t,.s,  |s,   :t,.l, |s, :-  ||l  :d.t,  |d  :s, |l,  :l, |t, :-  |
|m   :m    |m   :s .t,  |d.m  :- .re |m  :-  ||d  :f     |s  :d  |m   :l  |se :-  |
|l,  :m,   |l,  :s,     |d    :t,    |m, :-  ||f, :f     |m  :d  |l,  :f, |m, :-  |

|l,     :l,.t,  |d .r  :m     |d    :t,       |l,  :-  || l, | l,  ||
|l,     :l,.se, |l,.t, :d     |l,   :se,      |m,  :-  || f, | m,  ||
|m .f   :m .r   |m     :m     |m    :t,,d.r   |d   :-  || r  | de  ||
|d .r   :d .t,  |l,    :d,.r, |m,   :m,       |l,  :-  || r, | l,  ||
```

A - men.

1. *With the struggle I persist,*
Though my hope is growing weak;
Hard and long the conflict is
'Gainst the world and my misdeeds;
Thou, who died on Calvary,
Listen, listen to my plea:
The Almighty arm of God
Keep my feeble soul alive.

2. *Many brethren, countless hosts*
Who have struggled, too, like me,
Have, when faced with grim despair,
Through the cross gained victory:
When in need, I, too, shall have
On my side their Leader strong;
In the holy choir of saints,
Victory – this is my song.

886.886.

49. Buddugoliaeth

G.W.Hughes

1. Yn Eden, cofiaf hynny byth,
Bendithion gollais rif y gwlith;
Syrthiodd fy nghoron wiw.
Ond buddugoliaeth Calfari
Enillodd hon yn ôl i mi;
Mi ganaf tra fwyf byw.

2. Ffydd, dacw'r fan, a dacw'r pren,
Yr hoeliwyd arno D'wysog nen,
Yn wirion yn fy lle:
Y ddraig a 'sigwyd gan yr Un,
Cans clwyfwyd dau, concwerodd un,
A Iesu oedd Efe.

William Williams, Pantycelyn, 1717-1791

Lah E Doh G 886. 886. G.W. Hughes.

```
:m | m :r :d | t, :- :r  | r :d :t,   | l, :- :t,  | d :r :m   |
:m | m :r :d | t, :- :t, | t, :l, :se, | l, :- :se, | l, :t, :d |
:m | m :r :d | t, :- :f  | m :- :r    | d :- :m    | m :- :m   |
:m | m :r :d | t, :- :r, | m, :- :m,  | f, :- :m,  | l, :- :l, |

| m :r :d         | t, :- :t,    | t, :- :-  | m :l, :d        | t, :l, :se, |
| l, :-.se, :l,   | l, :se, :l,  | se, :- :- | se, :l, :l,.s,  | f, :m, :m,  |
| d :r :m         | f :- :fe     | m :- :-   | r :d :d         | r :d :t,    |
| l, :t, :d       | r :- :re     | m :- :-   | m, :f, :m,      | r, :m, :m,  |

| l, :- || m | m :d :m  | s :- :m  | m :r :d      | r :- :d   |
| m, :- || d | d :- :d  | r :- :d  | d :s, :l,    | t, :- :l, |
| d :-  || s | s :- :s  | s :- :s  | s :- :s.fe   | s :- :m   |
| l, :- || d | d :m :d  | t, :- :d | d :t, :l,    | s, :- :l, |

| d :l, :d   | m :- :d    | d :t, :l,    | t, :- :m.r  | d :t, :l, |
| l, :- :l,  | t, :- :l,  | l, :m, :l,   | se, :- :m.r | d :t, :l, |
| m :- :m    | m :- :m    | m :- :m.re   | m :- :m.r   | d :t, :l, |
| l, :d :l,  | se, :- :l, | l, :s, :f,   | m, :- :m.r  | d :t, :l, |

             :||:
| l :- :l   | se :- :se   | l :m :m.r    | d. :- :t,   | l, :- || l, | l,  ||
| d :r :re  | m :- :t,.m  | m :d :d.t,   | l, :- :se,  | l, :- || f, | m,  ||
| l :- :l   | t :- :m     | l :s :f      | m :- :m.r   | d :-  || r  | de  ||
| f :- :f   | m :- :r     | d :- :r      | m :- :m,    | l, :- || r, | l,  ||
                                                                   A-men.
```

1. *In Eden, I remember still,*
The countless blessings lost in vain:
My fitting crown fell down;
But victory of Calvary
Restored them all again to me;
Eternal song shall be.

2. *Faith, lo! the place and lo! the tree,*
On which was nailed the Prince of Heaven,
In innocence for me:
The evil dragon here was slain,
Though two bore wounds, one won the day,
And Jesus Christ was He.

98.98.D

50. Eirinwg

D.Emlyn Evans

1. Yr Arglwydd a feddwl amdanaf,
   A dyna fy nefoedd am byth;
   Yng nghysgod yr orsedd gadarnaf
   Mae'n ddigon i'r gwannaf gael nyth:
   Cyn duo o'r cwmwl tymhestlog
   Ei adain sy'n cuddio fy mhen;
   Caf noddfa'n ei fynwes drugarog
   Pan siglo colofnau y nen.

2. Fy Arglwydd sy'n gwisgo y lili,
   Mae'n cofio aderyn y to;
   Cyn pallo'i anfeidrol dosturi
   Rhaid gollwng Calfaria dros go'.
   Os Duw sydd ar f'enaid i eisiau,
   Mae eisiau fy enaid ar Dduw:
   O! gariad heb ddiwedd na dechrau,
   Ar gariad mor rhyfedd 'rwy'n byw!

HOWELL ELVET LEWIS (ELFED), 1860-1953

Doh A♭ 98. 98. D D. Emlyn Evans.

```
:s, |m  :-.r :d  |d  :t,  :d  |r  :m  :m  |s   :-.f  :m  |r  :m  :d  |
:s, |s, :-.f,:m, |s, :f,  :m, |s, :s, :s, |ta, :-.l, :s, |l, :s, :m, |
:s, |d  :t,  :d  |m  :-.r :d  |t, :d  :d  |d   :-.d  :d  |d  :d  :d  |
:s, |d, :-.d,:d, |s, :s,  :l, |s, :d  :d  |m,  :-.f, :s, |f, :m, :l, |
```

```
                                       E♭. t.
|t, :- ||s, |m  :-.r :d  |d  :t,  :d  |r  :m   :ᵐl   |d'  :-.t   :l   |
|s, :- ||s, |s, :-.f,:m, |l, :se, :l, |l, :se, :ˡ,r  |ma  :-.ma  :ma  |
|r  :- ||s, |d  :t,  :d  |m  :m   :m  |l, :t,  :ᵈf   |l   :-.t   :d'  |
|s, :- ||s, |s, :-.s,:l, |l, :m,  :l, |f, :m,  :ᵈ,f, |fe, :-.fe, :fe, |
```

```
                        f. A♭.
|s  :l  :t  |d' :- ||ᵐt, |r  :-.de :r  |f       :m  :r  |d.,r  :m :d |
|m  :f  :r  |m  :- ||ᵈs, |t, :-.t, :t, |t,      :t, :t, |d.,t, :d :d |
|d' :s  :s  |s  :- ||ˢr  |f  :-.m  :f  |{l / r} :s  :f  |m.,f  :s :m |
|s, :s, :s, |d  :- ||ᵈs, |s, :-.s, :s, |s,      :s, :s, |d     :d :d |
```

```
|m :-.re :m |s        :f :m |l :- ||s.,f |m :-.r  :d |d  :t, :d   |
|d :-.d  :d |d        :d :d |d :- ||r    |d :-.t, :d |l, :s, :fe, |
|s :-.fe :s |{ta / m} :l :s |f :- ||r.,s |s :-.f  :s |f  :r  :r   |
|d :-.d  :d |d        :d :d |f :- ||t,   |d :-.r  :m |r  :s, :l,  |
```

```
|r  :m  :m  |s   :-.f  :l,.r |d     :m  :r  |d  :- ||d  |d  ||
|s, :s, :s, |ta, :-.l, :l,   |s,.d  :t, :t, |d  :- ||l, |s, ||
|r  :d  :d  |d   :-.d  :r    |m     :s  :f  |m  :- ||f  |m  ||
|t, :d  :d  |f,  :-.f, :f,   |s,    :s, :s, |d, :- ||f, |d, ||
```

A - men.

1. *My Saviour, He thinks of me always,*
And that is my heaven indeed;
His strongest of thrones will give shelter
And nestle the weakest of men:
Before the storm clouds start to gather,
His wide wing will cover my head;
His merciful heart will give refuge
When pillars of heaven start to shake.

2. *My Lord, He does whiten the lily,*
The sparrow is close to his heart;
His mercy endureth for ever
While Calvary's memory lasts.
My soul is in need of my God and
My God is in need of my soul:
O love without starting or ending,
On such wondrous love I exist.

AWDURON Y GEIRIAU

1. DAFYDD WILLIAM, LLANDEILO FACH, 1720-1794: Fe'i ganed ym mhlwyf Llanedi, Sir Gaerfyrddin. Daeth yn gynghorwr Methodistaidd ac yn un o athrawon ysgolion cylchynol Griffith Jones, Llanddowror, a Madam Bevan. Trigai yn Llandeilo Fach (Pontarddulais heddiw) ar un cyfnod yn ei fywyd. Dywedir iddo orfod ymadael â'r Methodistiaid oherwydd cymeriad annerbyniol ei wraig. Yn 1777 ymunodd â'r Bedyddwyr, ac yr oedd yn un o sefydlwyr a phregethwyr yr achos yng Nghroes-y-parc, lle claddwyd ef. Cyhoeddodd gyfres enwog o emynau o dan y teitl *Gorfoledd ym Mhebyll Seion*.

2. JOHN ELIAS, 1774-1841: Fe'i ganed yn y Crynllwyn ger Pwllheli, ond â Sir Fôn, lle bu fyw o 1799 ymlaen, y cysylltir ef. Y cyntaf i'w ordeinio'n weinidog gyda'r Methodistiaid Calfinaidd pan ffurfiwyd y Corff yn 1811, a phrif bensaer ei Gyffes Ffydd. Yn Uchel-Galfinydd a Thori, adwaenid ef fel 'y Pab o Fôn', ac ef oedd pregethwr mwyaf poblogaidd ei ddydd yng Nghymru. Y mae cyfeiriad ym mhennill olaf yr emyn hwn at Genesis 3:15. Hepgorir yr ail bennill yng *Nghaniedydd* yr Annibynwyr, ond fe'i cynhwyswyd yng nghasgliadau'r Hen Gorff ers cyhoeddi casgliad cyntaf Morris Davies o *Salmau a Hymnau* yn 1832. Y mae'n adleisio'r 'Bennod Gladdu' (I Corinthiaid 15:56).

3. EVAN EVANS (IEUAN GLAN GEIRIONYDD), 1795-1855: Fe'i ganed yn Nhrefriw, a'i addysgu yn Ysgol Rad Llanrwst. Er bod ei rieni ymhlith sefydlwyr Methodistiaeth Galfinaidd yn yr ardal, ac yntau'n flaenor yn y Corff, urddwyd ef yn 1826 yn offeiriad yn hen Eglwys Loegr, a bu'n gurad mewn plwyfi yn Esgobaeth Caer nes iddo ymddeol yn 1852. Bu am gyfnod byr wedyn yn gurad yn y Rhyl. Bardd Cymraeg gorau ei genhedlaeth, a'i emynau yn goron ar ei waith. Gall fod yr emyn hwn yn adleisio Salm 107:23-30, neu hyd yn oed Mathew 8:23-27 etc; ond delwedd o'r byd, wrth gwrs, yw'r môr yma. Y mae *Caniedydd* yr Annibynwyr ac *Emynau'r Eglwys* yn hepgor yr ail bennill, efallai am fod ynddo duedd i gymysgu delweddau, ac y mae'r *Caniedydd* hefyd, am ryw reswm, yn hepgor pennill 5.

4. WILLIAM AMBROSE (EMRYS), 1813-1873: Brodor o Fangor. Yn 1828 prentisiwyd ef yn ddilledydd yn Lerpwl, ac aeth oddi yno i Lundain lle'r ymaelododd ag Eglwys Annibynnol y Borough. Dechreuodd bregethu, ac yn 1837 fe'i hordeiniwyd yn weinidog Salem, Porthmadog. Wedi ei farw, adeiladwyd Capel Coffa ym Mhorthmadog er cof amdano. Pregethwr, bardd, llenor, a golygydd *Y Dysgedydd* am ugain mlynedd. Efallai mai man cychwyn yr emyn hwn yw Ecsodus 15:27.

5. SAMUEL JONATHAN GRIFFITH (MORSWYN), 1850-1893: Brodor o Gaergybi. Perthynai yn ei ieuenctid i Eglwys Annibynnol y Tabernacl yn y dref, ond yn ddiweddarach sefydlodd ef ac eraill gapel split, lle daeth yn ddiacon ac yn arweinydd y gân. Eisteddfodwr a radical, ac is-olygydd y *North Wales Chronicle* am gyfnod. Hwn yw'r unig emyn o'i waith y gwyddys amdano. Y mae wedi ei seilio ar Deuteronomium 32:4,15,18; Eseia 26:4 ac I Corinthiaid 10:4, heb sôn am rai adnodau yn Llyfr y Salmau.

6. JOHN THOMAS JOB, 1867-1938: Fe'i ganed yn Llandybïe, a'i addysgu yng Ngholeg Trefeca. Bu'n weinidog gyda'r Methodistiaid Calfinaidd yn Aberdâr, Bethesda ac Abergwaun. Enillodd gadair yr Eisteddfod Genedlaethol deirgwaith (1897,1903 ac 1918), a'r goron unwaith (1900). Enillodd hefyd gadair Eisteddfod San Fransisco yn 1915. Dichon mai Deuteronomium 33:25b yw'r ysbrydoliaeth i'r emyn hwn.

7. WILLIAM WILLIAMS (GWILYM CYFEILIOG), 1801-1876: Fe'i ganed yn Llanbryn-mair, yn gefnder i Samuel Roberts (S.R.), a'i addysgu mewn ysgol a gedwid gan y Parchedig John Roberts, tad S.R., ac wedyn yn y Trallwng. Bu'n cadw siop wlân yn Llanbryn-mair, ac yn flaenor yn eglwys y Methodistiaid Calfinaidd yno. Eisteddfodwr selog, a bardd caeth da. Mae'r cefndir i Athrawiaeth yr Iawn a gyhoeddir yn yr emyn hwn i'w gael yn hen arferion crefydd Israel (gweler Lefiticus 16 etc). Y ddadl yma yw bod aberth Crist yn bodloni cyfiawnder Duw, a gawsai ei ddigio gan bechod dyn, ac felly'n hyrwyddo maddeuant Duw. Gwelir diwinyddiaeth gyffelyb mewn nifer o hen garolau plygain (er enghraifft 'Wele'n gwawrio ddydd i'w gofio') a gellid dadlau fod blas yr hen garolau hynny ar yr emyn.

8. WILLIAM BRYN DAVIES, 1965-1921: Brodor o Sgeti, Abertawe. Bardd, cerddor a phregethwr lleyg. Wedi cyfnodau yn brifathro ysgolion cynradd yn y Felinheli ac yn y Gendros, Morgannwg, fe'i penodwyd yn Arolygydd Ysgolion gan Gyngor Sir Morgannwg. Ymgartrefodd yn y Barri, a bu'n ddiacon yn Eglwys Bethesda yno.

9. JOHN GWILI JENKINS (GWILI), 1872-1936: Brodor o'r Hendy, Caerfyrddin, a addysgwyd yng Ngholeg y Bedyddwyr, Bangor, a Phrif-ysgolion Cymru (Coleg Caerdydd) a Rhydychen (Coleg Iesu). Yn 1923 penodwyd ef yn Athro Groeg yng Ngholeg y Bedyddwyr, Bangor. Diwinydd a bardd. Enillodd goron yr Eisteddfod Genedlaethol yn 1901, a bu'n Archdderwydd Cymru (1932-36). O hanes y gaethglud y caed thema'r emyn. Fel yr hiraethai'r Iddewon ym Mabilon am gael dychwelyd i Jerwsalem, ac i fynydd Seion lle safai eu teml a gorsedd Duw, felly yr hiraetha'r Cristion am gael cymdeithasu â Duw yn dragwyddol. Y mae sôn am 'aberth moliant' yn Salm 107:22 a Hebreaid 13:15. Cyfeiria llinell olaf yr ail bennill at Ecsodus 3:2-5.

10. WILLIAM LEWIS, LLANGLOFFAN, *fl.*1786-1794: Ni wyddys pa bryd y ganed ef, ond trigai yn Aber-mawr, Llangloffan, yn yr hen Sir Benfro. Gwehydd ydoedd wrth ei alwedigaeth, ac yr oedd yn ddiacon yn eglwys y Bedyddwyr yn Llangloffan, lle'r oedd ei frawd, Thomas, yn weinidog. Yn 1786 golygodd cyfaill iddo gyfrol o'i emynau o dan y teitl *Galar a Gorfoledd y Saint: neu Hymnau Cymwys a Pherthynol i Addoliad Cyhoeddus.* Ysbrydolwyd yr emyn hwn, wrth gwrs, gan ddioddefaint Crist yng Ngethsemane (Mathew 26:36-46 etc.) ac oddi ar law'r milwyr (Mathew 27:27-31 etc.).

11. PETER JONES (PEDR FARDD), 1775-1845: Fe'i ganed ym mhlwyf Garndolbenmaen. Dysgodd grefft teiliwr, a bu'n ei dilyn yn Lerpwl, lle'r ymaelododd yn eglwys y Methodistiaid Calfinaidd yn Pall Mall. Bu wedyn yn athro mewn ysgol a sefydlwyd ynglŷn â'r achos yn Pall Mall drwy anogaeth Thomas Charles o'r Bala. Llenor diwyd a bardd eisteddfodol amlwg a feistrolodd y gynghanedd. Fe'i claddwyd ym mynwent Eglwys Sant Paul, Lerpwl. Mae'n bosibl mai man cychwyn yr emyn hwn yw Effesiaid 1:4. Y mae *Caniedydd* yr Annibynwyr yn cynnwys pennill ychwanegol nas gwelir yn *Emynau'r Eglwys* nac yn llyfr emynau'r Methodistiaid Calfinaidd a Wesleaidd.

12. DAVID TECWYN EVANS, 1876-1957: Gweinidog Wesle, llenor ac ysgolhaig, ac un o bregethwyr mwyaf ei ddydd yng Nghymru a'r tu hwnt i'w ffiniau. Fe'i ganed yn Llandecwyn, Meirionnydd, a'i addysgu yng Ngholeg y Brifysgol, Bangor, a Choleg Didsbury. Anrhydeddwyd ef yn 1957 â gradd DD Prifysgol Cymru. Ysgrifennodd lawer ar ddiwinyddiaeth ac ar yr iaith Gymraeg a'i llenyddiaeth, a bu'n olygydd *Yr Eurgrawn* am flynyddoedd. Emyn heddwch yw'r emyn hwn o'r eiddo. Y mae cyfeiriad yn yr ail a'r trydydd pennill at Eseia 2:4. Mae dwy linell olaf pennill 3 yn adleisio Effesiaid 2:14-17, a chyfeirio at Amos 5:24 y mae'r ail a'r drydedd linell yn y pennill olaf.

13. SAMUEL DAVIES, 1723-1768, cyfieithiad **JOHN RICHARD JONES**, 1765-1822: Priodolir y cyfieithiad hwn weithiau (er enghraifft yn *Llawlyfr Moliant* y Bedyddwyr, 1915, a'r *Caniedydd Cynulleidfaol Newydd*, 1921) i'r Parchedig Joseph Harris (Gomer), 1773-1825, ond ymddengys iddo ymddangos am y tro cyntaf mewn ailargraffiad a gyhoeddwyd yn 1805 o gasgliad o emynau a wnaed gan y Parchedig John Richard Jones, Ramoth, ac ef, yn ôl y mwyafrif o emyniaduron diweddar, yw'r awdur. Fe'i ganed yn Llanuwchllyn, a'i fagu'n Annibynnwr yn yr Hen Gapel yno, ond troes at y Bedyddwyr yn 1788 a'i ordeinio'r flwyddyn ganlynol yn weinidog Eglwys Ramoth, Llanfrothen. Yno y treuliodd weddill ei oes, ac yno y claddwyd ef. Gŵr amlochrog iawn; pregethwr huawdl, ac athro barddol Robert ap Gwilym Ddu (gweler rhif 22). Am Samuel Davies, fe'i ganed ef yn Newcastle, Delaware, America. Yn 1747 fe'i hordeiniwyd yn weinidog gyda'r Eglwys Bresbyteraidd yn Nhalaith Virginia, ac yn ddiweddarach penodwyd ef yn Llywydd Coleg Presbyteraidd Princeton. Cyhoeddwyd yr emyn yn ei ffurf Saesneg ('Great God of Wonders, all thy ways') yn y gyfrol o'i emynau *Hymns Adapted to Divine Worship*, a gyhoeddwyd yn 1769, flwyddyn wedi ei farw.

14. Dim ond *Emynau'r Eglwys* sy'n cyfuno'r tri phennill yn un emyn. Y pennill cyntaf yn unig a geir yn llyfr emynau'r ddwy Eglwys Fethodistaidd, a'r ddau bennill cyntaf yn unig yng *Nghaniedydd* yr Annibynwyr. Gwir nad Gwilym Hiraethog biau pennill 3, ond y mae ieuad llyfr yr Eglwys yn gweddu.

WILLIAM REES (GWILYM HIRAETHOG), 1802-1883: Brodor o Lansannan, a fagwyd yn Fethodist Calfinaidd ond a ddaeth yn weinidog gyda'r Annibynwyr ym Mostyn, Dinbych a Lerpwl, ac yn arweinydd radical dylanwadol. Yr oedd yn fawr ei sêl dros gyfiawnder cymdeithasol, a phlediodd dros ryddhau'r caethion yn America. Ar wahân i'r emyn hwn, a'i gywydd enwog i'r 'Gof' a'i awdl 'Heddwch', fe'i cofir heddiw yn fwyaf arbennig am ei ryddiaith storïol a newyddiadurol, er enghraifft ei gyfieithiad o *Uncle Tom's Cabin*, Harriet Beecher Stowe (*Aelwyd f'Ewythr Robert*, 1852), a'i nofel, *Helyntion Bywyd Hen Deiliwr* (1877). Thema'r emyn yw Ioan 15:13. Y mae cwpled olaf yr ail bennill yn adleisio Salm 85:10.

WILLIAM WILLIAMS, PANTYCELYN, 1717-1791: Prif emynydd Cymru, a'r mwyaf poblogaidd. Fe'i ganed ym mhlwyf Llanfair-ar-y-bryn. Yr oedd ei dad yn henuriad yn Eglwys Annibynnol Cefnarthen, a'i fam yn etifeddes fferm Pantycelyn. Fe'i haddysgwyd yn Athrofa Llwyn-llwyd ger Talgarth, Sir Frycheiniog, a bwriadai fynd yn feddyg. Tua 1737 cafodd dröedigaeth grefyddol wrth wrando ar Howell Harris yn pregethu yn Nhalgarth, ac yn 1740 fe'i hurddwyd yn ddiacon yn yr Eglwys Anglicanaidd. Yn 1743, fodd bynnag, gwrthodwyd urddau offeiriad iddo oherwydd ei argyhoeddiadau Methodistaidd. Treuliodd weddill ei oes yn feistr tir ym Mhantycelyn, yn bregethwr teithiol ac yn sefydlu seiadau Methodistaidd. Ef a Harris a Daniel Rowland oedd tadau'r Diwygiad Methodistaidd yng Nghymru. Cyhoeddodd doreth o emynau a gweithiau crefyddol eraill, yn rhyddiaith a barddoniaeth, a dengys ei gynnyrch rychwant eang o ddiddordebau. Ar sail angerdd telynegol ei emynau dadleuodd Saunders Lewis mai ef oedd 'y Rhamantydd cynharaf yn llenyddiaeth Ewrop'. Bu'n destun astudiaeth i lu o ysgolheigion, a deil o hyd i ennyn diddordeb.

15. SIMON BARTHOLOMEW JONES, 1894-1966: Mab ieuangaf ond un teulu'r Cilie. Treuliodd gyfnod yn forwr, ond wedi graddio yng Ngholeg y Brifysgol, Bangor, yn 1930 fe'i hordeiniwyd yn weinidog gyda'r Annibynwyr, a bu'n gweinidogaethu yn Lerpwl, Carno a Chaerfyrddin. Enillodd goron yr Eisteddfod Genedlaethol yn 1933 a'r gadair yn 1936. O 1950 hyd ei farw bu'n gyd-olygydd *Y Genhinen*. Aralleiriad mydryddol o Salm 23 yw'r emyn hwn.

16. J.D.VERNON LEWIS, 1879-1970: Brodor o Bentre Estyll, Sir Forgannwg, a raddiodd ym Mhrifysgolion Cymru a Rhydychen ac a fu'n fyfyriwr yn Leipzig. Bu'n weinidog gyda'r Annibynwyr yn Lerpwl, Wrecsam a Brynaman, cyn ei benodi'n ddarlithydd mewn Hebraeg yng Ngholeg y Brifysgol, Abertawe. Yn ddiweddarach bu'n brifathro Coleg Aberhonddu. Ysgolhaig a diwinydd a gyfrannodd lawer i gyfnodolion Cymraeg. Cyfieithiad o emyn Saesneg yw dau bennill cyntaf yr emyn hwn. Yn yr *Atodiad* i lyfr emynau'r Methodistiaid Calfinaidd a Wesleaidd (1985) priodolir y gwreiddiol i Frances Ridley Havergal (1836-79), ond mewn nodyn yn ei gasgliad ef ei hun o emynau, *Mawl i'r Goruchaf* (1962), ysgrifenna Vernon Lewis: 'Clywed canu eneiniedig ar emyn J.S.B.Monsell (1811-75), "Rest of the weary: joy of the sad", ar y dôn hyfryd "Theodora" yn fy eglwys yn Salisbury Park, Wrexham, a'm hysbrydolodd i lunio emyn Cymraeg o gyffelyb naws yn ddefnydd cysur a diddanwch.' Gwaith Cymraeg gwreiddiol yw'r tri phennill arall. Mae'r emyn drwyddo yn adleisio Rhufeiniaid 8:28-30.

17. WILLIAM THOMAS (ISLWYN), 1832-1878: Bardd a aned ger Ynysddu yn yr hen Sir Fynwy. Yn 1853 effeithiwyd yn drwm arno gan farwolaeth sydyn y ferch y bwriadai ei phriodi, Anne Bowen o Abertawe, a lluniodd ddwy gerdd hir yn disgrifio'i ofid, o dan yr un teitl, 'Y Storm'. Yn 1859 fe'i hordeiniwyd yn weinidog gyda'r Methodistiaid Calfinaidd, ond ni chymerodd ofal eglwys. Yn 1864 priododd â Martha Davies o Abertawe, ond bu cysgod Anne Bowen dros y briodas, yn enwedig am fod tad Martha bellach wedi priodi mam Anne. Pan gyhoeddwyd yr emyn hwn gyntaf o dan olygyddiaeth O.M.Edwards yn *Gwaith Islwyn* (*Cyfres y Fil*, 1903) yr oedd iddo wyth pennill, ac O.M. Edwards sy'n gyfrifol am y gair 'wermod' yn yr ail bennill; 'bustl' oedd yn llawysgrif Islwyn. Y mae'r emyn yn gweld gobaith y Cristion am nefoedd i ddod yn nhermau gobaith yr Israeliaid yn yr anialwch am gael etifeddu gwlad Canaan, y wlad a addawyd i Abraham ac a oedd yn 'llifeirio o laeth a mêl'.

18. ROGER EDWARDS, 1811-1886: Brodor o'r Bala. Fe'i maged yn Nolgellau, a bu'n cadw ysgol yno o 1830 hyd oddeutu 1833. Ordeiniwyd ef yn weinidog gyda'r Methodistiaid Calfinaidd yn 1842, a gwasanaethodd Eglwys Bethesda, yr Wyddgrug. Ar wahân i fod yn bregethwr a gweinyddwr dawnus yn ei enwad, yr oedd hefyd yn llenor a golygydd. Ef, pan oedd yn olygydd *Y Drysorfa* (1847-86) a berswadiodd Daniel Owen i ysgrifennu *Y Dreflan* yn rhannau i'r cylchgrawn, a llwyddo drwy hynny i ladd rhagfarn y Methodistiaid yn erbyn nofelau. Fel golygydd *Cronicl yr Oes* (1835-9) llwyddodd i ennyn dicllonedd John Elias (gweler rhif 2) oherwydd ei syniadau radicalaidd. Y mae'r emyn hwn wedi ei seilio ar addewid Iesu i'w ddisgyblion yn Ioan 16:7, ac ar gywiro'r addewid hwnnw ar ddydd y Pentecost cyntaf (Actau 2:1-3).

19. EVAN REES (DYFED), 1850-1923: Fe'i ganed yng Nghas-mael, Sir Benfro, ond yn Aberdâr y maged ef. Ordeiniwyd ef yn weinidog gyda'r Methodistiaid Calfinaidd yn 1884, ond ni bu erioed mewn gofal eglwys. Enillodd gadair yr Eisteddfod Genedlaethol bedair gwaith rhwng 1881 a 1901, a chadair Eisteddfod Ffair y Byd, Chicago (1893), am ei awdl enwog, 'Iesu o Nasareth'. Bu'n Archdderwydd Cymru o 1905 hyd 1923. Cyfeiria'r ymadrodd 'afonydd Babel' yn ail bennill yr emyn hwn at Salm 137:1, salm a gyfansoddwyd yn ystod caethglud yr Iddewon ym Mabilon yn y chweched ganrif cyn Crist.

20. EDMWND PRYS, 1543-1623: Brodor o Lanrwst; cyd-fyfyriwr â William Morgan, cyfieithydd y Beibl i'r Gymraeg, yng Ngholeg Sant Ioan, Caer-grawnt. Penodwyd ef yn rheithor Ffestiniog a Maentwrog yn 1573, ac yn archddiacon Meirionnydd yn 1576. Yn 1579 ymsefydlodd yn y Tyddyn Du, Maentwrog, a daeth yn berchen tiroedd yn yr ardal. Yr oedd yn fardd caeth cynhyrchiol. Fe'i cofir yn arbennig am ei ymryson â Wiliam Cynwal, lle cynrychiolai Cynwal draddodiadau ceidwadol yr hen ddysg farddol Gymraeg, a Phrys ei hun safonau'r ddyneiddiaeth newydd. Ysgolhaig mawr a Phrotestant. Cyhoeddwyd ei fydryddiaeth Gymraeg o'r Salmau yn atodiad i argraffiad 1621 o'r *Llyfr Gweddi Gyffredin*. Aralleiriad o Salm 100 yw'r emyn hwn.

21. DAVID CHARLES, 1762-1834: Ganed ef yn Llanfihangel Abercywyn, Sir Gaerfyrddin, yn frawd i Thomas Charles (o'r Bala wedyn), a phrentisiwyd ef yn wneuthurwr rhaffau yng Nghaerfyrddin. Daeth yn flaenor gyda'r Methodistiaid Calfinaidd yng Nghapel Heol-y-dŵr, ac yn un o arweinwyr yr enwad yn y de. Fe'i hordeiniwyd yn ordeiniad cyntaf yr Hen Gorff yn 1811. Wedi ei farw cyhoeddwyd nifer sylweddol o'i bregethau. Dengys yr emyn poblogaidd hwn ei faintioli fel meddyliwr Cristnogol a bardd. Y mae'r cefndir yn nhaith yr Israeliaid drwy'r anialwch i gyfeiriad Canaan wedi'r ecsodus o'r Aifft. Wedi cyrraedd bryniau Jerwsalem, eu prifddinas yn y wlad a addawyd iddynt gan Dduw, fe anghofiant am eu gofidiau. Yr Eglwys, wrth gwrs, yw'r Israel newydd, ac addewid y nefoedd yw ei Chanaan a'i Jerwsalem newydd hi. Yno fe anghofir am ofidiau gyrfa'r llawr. Ein sicrwydd o gyrraedd y Jerwsalem newydd hon yw esgyniad Iesu iddi o'n blaen. Fel yr âi archoffeiriaid Israel gynt i mewn i'r cysegr sancteiddiolaf yn y Deml yn Jerwsalem i aberthu gwaed anifeiliaid yn aberth dros bechodau'r bobl, felly yr aeth Iesu i mewn i gysegr sancteiddiolaf y Jerwsalem newydd, drwy haeddiannau ei waed ei hun, i eiriol drosom ni (gweler Hebreaid 9:11-14). Gwaed Iesu yw'r 'afon a'i ffrydiau'n llawenhau dinas Duw' (Salm 46:4). Gwelir syniad cyffelyb mewn emyn gan Thomas Jones (gweler rhif 25):

Da iawn i bechadur fod afon
A ylch yr aflanaf yn wyn;
Hi darddodd o'r nefoedd yn gyson,
Hi ffrydiodd ar Galfari fryn.

Ceir cyfeiriad at 'waed y taenellu' yn Hebreaid 12:24. Yn wir, dichon mai yn y bennod hon, yn enwedig yn adnodau 22-24, y mae man cychwyn yr emyn. Y mae ynddo, fodd bynnag, gyfeiriadaeth dra chyfoethog at holl hanes Israel a'i system aberthol, yn ogystal ag at Athrawiaeth yr Iawn.

22. ROBERT WILLIAMS (ROBERT AP GWILYM DDU), 1767-1850: Brodor o blwyf Llanystumdwy yn Eifionydd. Dysgodd farddoni gan feirdd lleol (gweler rhif 13), a threuliodd ei oes yn ei ardal enedigol yn ffermwr a adwaenid drwy Wynedd am ei wybodaeth a'i ddiwylliant. Ni chafodd erioed mo'i fedyddio, ac nid ymunodd ag unrhyw enwad crefyddol. Fe'i claddwyd ym mynwent Aber-erch ger Pwllheli. Ymddangosodd yr emyn hwn o'i waith am y tro cyntaf yn *Y Gwyliedydd*, Medi 1823. Noder y cyfeiriad yn y trydydd pennill at 'seraffiaid'. Ymddengys fod y gair yn gysylltiedig â'r ferf Hebraeg sy'n golygu 'llosgi'. Ystyr 'seraffiaid', felly, yw 'y rhai sy'n llosgi', 'y rhai disglair'. Creaduriaid dychmygol oeddynt, mae'n debyg – gwasanaethyddion Duw yn ei Deml. Ceir y cyfeiriad enwocaf atynt yn Eseia 6.

23. TITUS LEWIS, 1773-1811: Gweinidog diwyd a llenor gweithgar a'i gordrethodd ei hun â gwaith. Fe'i ganed yng Nghilgerran, yn fab i weinidog eglwys y Bedyddwyr yng Nghilfowyr. Yn 1798 fe'i hordeiniwyd yn weinidog capel y Bedyddwyr ym Mlaen-y-waun, ond yn 1800 priododd â merch o Gaerfyrddin, a symud i'r dref honno i fugeilio Eglwys Porth Tywyll. Daliai, fodd bynnag, i weinyddu'r cymun bob mis ym Mlaen-y-waun, ddeng milltir ar hugain o'i gartref newydd. Y mae peth anghytundeb ynglŷn ag awduraeth ail bennill yr emyn hwn. Yn llyfr emynau'r ddwy Eglwys Fethodistaidd, dim ond penillion 1 a 3 a briodolir i Titus Lewis. Felly hefyd yng *Nghaniedydd* yr Annibynwyr. Y mae *Emynau'r Eglwys,* fodd bynnag, yn priodoli'r ail bennill hefyd iddo. Ond ymddengys mai dim ond penillion 1 a 3 a gyhoeddwyd pan ymddangosodd yr emyn am y tro cyntaf yng nghasgliad Titus Lewis ei hun, *Mawl i'r Oen a Laddwyd* (1802). Gall mai dynwarediad, felly, sydd ym mhennill 2. Y mae'r emyn fel cyfanwaith yn dathlu Duwdod a dyndod Crist.

24. WILLIAM WILLIAMS, PANTYCELYN, 1717-1791: Gweler rhif 14. Cyhoeddwyd yr emyn hwn gyntaf yn bum pennill yn *Caniadau y Rhai Sydd ar y Môr o Wydr* (1762). Am ryw reswm y mae *Caniedydd* yr Annibynwyr yn hepgor y pennill olaf. Mae llinell gyntaf yr emyn yn dwyn ar gof y darn a ganlyn allan o *Taith y Pererin,* John Bunyan (1628-88):

'Fe redodd fel hyn nes dyfod ohono at le a ymgodai braidd; ac yn y lle hwnnw safai croes, ac ychydig yn is yn y gwaelod, fedd. Gwelwn yn fy mreuddwyd, fel y daeth Cristion i fyny at ymyl y groes, rhyddhaodd ei faich ar ei ysgwyddau, a disgynnodd oddi ar ei gefn; a dechrau cwympo, a dal felly i wneuthur hynny, nes dyfod ohono at enau'r bedd, lle y syrthiodd i mewn, ac nis gwelais mwy. Ac yr oedd Cristion yn llawen ac ysgafn, a dywedodd â chalon lon, "Rhoddodd i mi orffwys trwy ei ofid; a bywyd trwy ei farwolaeth". Yna safodd yn llonydd am ennyd, i edrych a rhyfeddu; canys yr oedd yn syndod iddo ef fod golwg ar y groes yn ei ryddhau ef o'i faich'.

cyf. E.Tegla Davies, Hughes a'i Fab, 1931, tt.46-7

25. THOMAS JONES, 1756-1820: Fe'i ganed yng Nghaerwys. Cafodd addysg dda, a bwriadai ei rieni iddo fynd yn offeiriad. Yn 1772, fodd bynnag, ymunodd â'r Methodistiaid Calfinaidd, ac ar ôl dechrau pregethu yn 1783 bu'n gofalu am achosion y Methodistiaid yn yr Wyddgrug, Rhuthun a Dinbych. Fe'i hordeiniwyd yn ordeiniad cyntaf yr Hen Gorff yn 1811. Ysgolhaig, diwinydd, hanesydd, llenor a bardd. Ysgrifennodd gywydd enwog i'r 'Aderyn Bronfraith'. Yr oedd hefyd yn un o arweinwyr ablaf y Methodistiaid. Ceisiodd gadw'r enwad ar lwybr cymedrol o safbwynt diwinyddiaeth, a gwrthwynebai iddo lunio Cyffes Ffydd. Cyfeirir weithiau at yr emyn hwn fel 'cyffes ffydd' Thomas Jones ei hun. Ceir cyfeiriad yng nghwpledi cyntaf ac olaf y pennill cyntaf at Job 19:25-26, ac yn nhrydedd linell yr ail bennill at Hebreaid 12:2.

26. ELLIS WYNNE, 1671-1734: Fe'i ganed yn y Lasynys rhwng Talsarnau a Harlech, a'i addysgu yng Ngholeg Iesu, Rhydychen. Ordeiniwyd ef yn offeiriad yn yr Eglwys Anglicanaidd yn 1704, a'i benodi'n rheithor Llanbedr a Llandanwg yn ei hen ardal. Ei weithiau pwysicaf yw *Gweledigaetheu y Bardd Cwsc* (1703) a'i gyfieithiad o *The Rule and Exercises of Holy Living,* Jeremy Taylor, sef *Rheol Buchedd Sanctaidd* (1701). Yn 1710 golygodd hefyd argraffiad o'r *Llyfr Gweddi Gyffredin*. Eglwyswr a brenhinwr selog, a llenor Cymraeg o'r radd flaenaf. Man cychwyn yr emyn hwn yw'r hanes am atgyfodi Lasarus yn Ioan 11:24-26.

27. WILLIAM ELLIS (GWILYM AB ELIS), 1752-1810: Fe'i ganed ym mhlwyf Llanycil, y Bala, ac yno hefyd y claddwyd ef. Yr oedd yn faledwr yn ogystal ag emynydd. Yn 1786 cyhoeddodd lyfryn bychan o emynau, *Ychydig o Hymnau a Chaniadau Newyddion ar Amrywiol Achosion*. Yn y llyfryn hwnnw, yn chwe phennill, y cyhoeddwyd gyntaf yr emyn hwn. Fe'i cambriodolir yn llyfr emynau'r Methodistiaid Calfinaidd a Wesleaidd (1927) i William Edwards o'r Bala (1773-1853).

28. JOHN HUGHES, PONTROBERT, 1775-1854: Fe'i ganed ym Mhenyfigin, Llanfihangel-yng-Ngwynfa, Sir Drefaldwyn. Gwehydd wrth ei grefft. Ymunodd â seiat y Methodistiaid ym Mhen-llys, a daeth yn athro yn yr ysgolion cylchynol. Bu'n lletya am gyfnod yn Nolwar Fach, a daeth yn gyfeillgar ag Ann Griffiths a gohebodd lawer â hi. Ordeiniwyd ef yn sasiwn y Bala, 1814, ac ymsefydlodd ym Mhontrobert. Priododd Ruth Evans, morwyn Dolwar Fach, yn 1805, a hwy a ddiogelodd emynau Ann Griffiths. Dywedir mai un aflêr ei olwg ydoedd. Ar wahân i'w emynau cyhoeddodd hefyd nifer o gofiannau a phregethau. Y mae'r emyn hwn wedi ei seilio ar Ioan 14:26.

29. EBENEZER THOMAS (EBEN FARDD), 1802-1863: Brodor o ardal Llangybi yn Eifionydd. Fe'i haddysgwyd yn lleol, a daeth yn athro ysgol yn Llangybi, ac wedyn yn Llanarmon a Chlynnog. Yr oedd yn gyfaill i Robert ap Gwilym Ddu (gweler rhif 22), ac fe'i hystyrid yn un o feirdd Cymraeg mwyaf ei oes. Yn 1824, enillodd gadair Eisteddfod Powys yn y Trallwng am ei awdl 'Dinistr Jerwsalem'. Canodd hefyd lawer o gerddi achlysurol;

cyfrannodd yn helaeth i gylchgronau Cymraeg ei gyfnod, a bu'n feirniad eisteddfodol diwyd. Wynebodd lawer profedigaeth: bu farw ei wraig a thri o'u pedwar plentyn o'i flaen. Adlais o'r profiadau chwerw hyn sydd yn yr emyn hwn.

30. WILLIAM WILLIAMS, PANTYCELYN, 1717-91: Gweler rhif 14. Y mae'r emyn hwn yn adleisio Datguddiad 4:11.

31. DAFYDD MORRIS, TŴR-GWYN, 1744-1791: Fe'i ganed yn Lledrod, Sir Aberteifi, a dywedir iddo fod yn borthmon yn ystod ei ieuenctid. Dechreuodd bregethu gyda'r Methodistiaid yn 1765, a daeth yn un o bregethwyr amlycaf ei gyfnod. Yn 1774 derbyniodd wahoddiad i fugeilio'r seiat Fethodistaidd yn Nhŵr-gwyn, plwyf Trefdreyr (Troed-yr-aur). Ym mynwent Trefdreyr y claddwyd ef. Ef biau'r ail bennill o'r emyn hwn. Fe'i cyhoeddwyd gyntaf yn ei gasgliad o emynau, *Cân y Pererinion Cystuddiedig ar eu Taith tua Seion* (1773). Fe'i cysylltwyd wedyn gan olygyddion llyfr emynau'r ddwy Eglwys Fethodistaidd (1927) â dau bennill gan awduron anadnabyddus – y cyntaf o gasgliad Harri Siôn o Bont-y-pŵl (1773), a'r trydydd o gasgliad y Trefnyddion Calfinaidd yn siroedd y de (1841).

32. HUGH JONES, MAESGLASAU, 1749-1825: Brodor o blwyf Mallwyd. Cafodd addysg dda, a bu am gyfnod yn athro ysgol yn Llundain. Yn 1786 yr oedd ymhlith y rhai a sefydlodd achos y Methodistiaid Calfinaidd ym mhlwyf Mallwyd. O 1798 hyd 1817 bu'n cadw ysgol mewn gwahanol ardaloedd yn siroedd Meirionnydd a Threfaldwyn. Wedyn, hyd ei farw, bu'n gweithio i wahanol gyhoeddwyr yn Nolgellau a Chaernarfon a Dinbych, yn cyfieithu llyfrau i'r wasg. Ymhlith y cyfieithiadau hyn yr oedd *Holl Waith Josephus, yr Hanesydd Iddewig* (1819). Efallai mai ei lyfr enwocaf yw *Cydymaith yr Hwsmon* (1774). Cyhoeddodd hefyd ddwy gyfrol o farddoniaeth. Ymddangosodd yr emyn hwn gyntaf yn yr ail gyfrol, *Hymnau Newyddion* (1797). Er mai dioddefaint Crist ar y groes yw ei thema, y mae cyfeiriad yn y cwpled cyntaf at Eseia 25:7-8.

33. JOHN ROBERTS, 1910-1984: Fe'i ganed yn Llanfwrog, Ynys Môn. Ordeiniwyd ef yn weinidog gyda'r Methodistiaid Calfinaidd yn 1938, a bu'n gweinidogaethu ym Methesda, Porthmadog, y Bala a Chaernarfon. Ymddeolodd i Lanfwrog, ac yno y claddwyd ef. Pregethwr, bugail, bardd a chymwynaswr mawr. Mae cefndir yr emyn hwn yn Ioan 20:19-20, ond y mae cyfeiriad yn y pennill olaf at Salm 133:1 hefyd.

34. THOMAS WILLIAMS, BETHESDA'R FRO, 1761-1844: Fe'i ganed yn Nhrerhedyn, Pendeulwyn, Sir Forgannwg. Ymunodd â'r Methodistiaid, ond cefnodd arnynt ar ôl diarddel y Parchedig Peter Williams am heresi honedig yn 1791, a daeth yn weinidog capel yr Annibynwyr ym Methesda'r Fro, Bro Morgannwg. Wrth fur Bethesda'r Fro y claddwyd ef. Cyhoeddodd nifer o emynau a marwnadau. Ymddangosodd yr emyn hwn gyntaf yn *Perl Mewn Adfyd* (1814). Y mae cyfeiriad yn y pennill olaf at Luc 15:1 ac 18:13.

35. THOMAS GWYNN JONES, 1871-1949: Un o feirdd Cymraeg mwyaf yr ugeinfed ganrif. Fe'i ganed ym Metws-yn-Rhos, sir Ddinbych, ac er mai ychydig o addysg ffurfiol a gafodd dangosodd o'i blentyndod anian llenor. Wedi cyfnod yn newyddiadurwr, ac wedyn yn gatalogydd yn Llyfrgell Genedlaethol Cymru, fe'i penodwyd yn 1913 yn ddarlithydd yn y Gymraeg yng Ngholeg Prifysgol Cymru, Aberystwyth, ac yn Athro'r Gymraeg yn 1919. Er ei fod yn ysgolhaig a llenor o fri, fel bardd y cofir ef. Y mae ei awdl 'Ymadawiad Arthur', a enillodd iddo gadair yr Eisteddfod Genedlaethol yn 1902, yn bwysig am mai hi yw'r gyntaf o gerddi mawr a ysgrifennodd ar sail chwedloniaeth Geltaidd. Y mae ei gasgliad o farddoniaeth, *Y Dwymyn* (1944), yn portreadu barbareiddiwch rhyfel. Gweddi henwr am faddeuant Duw i gamweddau'i oes yw'r emyn hwn.

36. EDWARD CEFNI JONES, 1871-1972: Fe'i ganed yn Rhostrehwfa, Ynys Môn, a'i brentisio'n saer coed. Aeth wedyn i Goleg y Bedyddwyr, Bangor, a bu'n weinidog gyda'r Bedyddwyr yn Ffestiniog, Hirwaun a Bangor. Cyfaill i John Gwili Jenkins (gweler rhif 9). Golygydd y *Llawlyfr Moliant Newydd,* a Llywydd Undeb y Bedyddwyr yn 1954. Y mae'r emyn hwn yn seiliedig ar Mathew 27:55-56 a 28:1-6.

37. MORGAN RHYS, 1716-1779: Fe'i ganed yn yr Efail Fach, Cil-y-cwm, Sir Gaerfyrddin. Bu'n athro cylchynol yn siroedd Caerfyrddin a Cheredigion rhwng 1757 a 1775, ac y mae'n amlwg mai Methodist ydoedd am iddo yn ei ewyllys adael arian i rai o Fethodistiaid amlycaf y cyfnod, yn cynnwys Daniel Rowland a William Williams, Pantycelyn (gweler rhif 14). Cyhoeddodd nifer o gasgliadau o emynau, ynghyd â rhai marwnadau. Ymddangosodd tri phennill yr emyn hwn yn wreiddiol mewn gwahanol gasgliadau, a'u dwyn ynghyd yn un emyn am y tro cyntaf gan Morris Davies yn ei gasgliad ef, *Salmau a Hymnau* (1832). Seiliwyd yr emyn, fel yn achos rhif 34 uchod, ar Luc 18:13, ond y mae cyfeiriad yng nghwpled cyntaf y pennill olaf at adnodau megis Samuel 22:12. Y mae cwpled olaf yr ail bennill yn adleisio Datguddiad 22:2-3.

38. JOHN GRUFFUDD MOELWYN HUGHES (MOELWYN), 1866-1944: Brodor o Danygrisiau, Blaenau Ffestiniog a raddiodd ym Mhrifysgol

Leipzig ac a ddaeth yn un o weinidogion amlycaf y Methodistiaid Calfinaidd. Cyhoeddodd astudiaethau ar William Williams, Pantycelyn (gweler rhif 14), a phedair cyfrol o farddoniaeth, a bu'n olygydd *Y Drysorfa.* Dywedir nad oedd ond llanc deunaw oed pan gyfansoddodd yr emyn hwn. Y thema, wrth gwrs, yw hiraeth y Cristion am y nefoedd, ond fe'i trafodir yn nhermau hiraeth yr Iddewon yn y gaethglud ym Mabilon am Jerwsalem. Y mae cyfeiriad yn y pennill cyntaf at Salm 108:10, ac yn yr ail bennill at Salm 137:1.

39. JOHN CEIRIOG HUGHES (CEIRIOG), 1832-1887: Un o feirdd mwyaf poblogaidd Cymru. Fe'i ganed yn Llanarmon Dyffryn Ceiriog. Aeth i Fanceinion yn 1849, a chael swydd mewn siop groser yno ac yna mewn gorsaf nwyddau. Ym Manceinion, yng nghwmni R.J.Derfel ac eraill, y dysgodd werthfawrogi traddodiadau Cymru. Bu'n casglu alawon Cymreig trwy ei oes, ac yn ysgrifennu geiriau poblogaidd arnynt ar bynciau megis gwladgarwch, natur a serch. Yn 1865 dychwelodd i Gymru. Bu'n orsaffeistr yn Llanidloes ac wedyn yn Nhywyn, ac yn 1871 fe'i penodwyd yn arolygydd ar y rheilffordd newydd rhwng Caersŵs a'r Fan. Cyhoeddodd saith casgliad o farddoniaeth, a deil rhai o'i ganeuon yn boblogaidd hyd heddiw. Prin yw ei emynau. Y mae hwn yn seiliedig ar y darlun o'r Jerwsalem nefol yn Datguddiad 21:9-27. Dyfynnir ail ran y pennill cyntaf gan John Morris-Jones (*Cerdd Dafod,* tud. 37) fel enghraifft dda o *hyperbaton* neu 'drawsfynediad', gan mai 'Pa bryd y caiff fy llygaid ymagor; pa bryd y caiff fy mhen ymorffwys?' yw'r ystyr.

40. THOMAS ROWLAND HUGHES, 1903-1949: Nofelydd a bardd. Fe'i ganed yn Llanberis a'i addysgu yng Ngholeg y Brifysgol, Bangor a Choleg Iesu, Rhydychen. Yn 1930 fe'i penodwyd yn ddarlithydd mewn Saesneg yng Ngholeg Harlech, ac yna yn 1934 yn warden Canolfan Addysg i Oedolion yn Llundain. Yn 1935 dychwelodd i Gymru i fod yn gynhyrchydd rhaglenni nodwedd gyda'r BBC yng Nghaerdydd, ond collodd ei iechyd a bu farw'n ŵr ifanc. Enillodd gadair yr Eisteddfod Genedlaethol ddwywaith (1937 a 1940), ond fe'i cofir yn bennaf am ei bum nofel, sy'n dangos dawn i adrodd stori a chreu cymeriadau. Daeth yr emyn telynegol hwn o'i waith yn boblogaidd mewn cymanfaoedd a chan gorau.

41. WILLIAM RHYS NICHOLAS, 1914-: Brodor o Degryn, Llanfyrnach, Sir Benfro. Gweinidog gyda'r Annibynwyr yn ardal Llandysul, ac wedyn ym Mhorth-cawl. Cyhoeddodd dair cyfrol o farddoniaeth, a bu'n gyd-olygydd *Y Genhinen* am dros bymtheng mlynedd. Yn 1987 fe'i dyrchafwyd yn Dderwydd Gweinyddol Gorsedd y Beirdd. Y mae'r emyn hwn o'i waith yn un o'r emynau mwyaf poblogaidd a gyfansoddwyd yn ddiweddar.

42. ROWLAND FYCHAN, *c.*1587-1667: Mab i sgweiar Caer-gai ger Llanuwchllyn. Astudiodd ym Mhrifysgol Rhydychen. Yn 1642 daeth yn Uchel Siryf Meirionnydd. Eglwyswr cadarn, a ochrodd gyda'r brenin yn ystod y Rhyfel Cartref, ac y dywedir iddo gymryd rhan ym mrwydr Naseby (1645) pan drechwyd y brenhinwyr gan fyddin Cromwell. I ddial arno, llosgwyd Caer-gai i'r llawr, a throsglwyddwyd ei etifeddiaeth i'w nai. Yn 1650 fe'i carcharwyd yng Nghaer, ond pan adferwyd y frenhiniaeth adferwyd hefyd ei etifeddiaeth ef. Cododd dŷ newydd yng Nghaer-gai. Yr oedd yn fardd da ar y mesurau caeth a rhydd, ond fe'i cofir yn arbennig fel cyfieithydd rhyddiaith, ac y mae ei *Ymarfer o Dduwioldeb,* cyfieithiad o *The Practice of Piety* gan Lewis Bayly, yn glasur. Cyfieithiad o hen emyn Lladin, 'Veni Creator Spiritus', yw'r emyn hwn. Ni phriodolir ef i Rowland Fychan yn llyfr emynau'r ddwy Eglwys Fethodistaidd, ond gwneir hynny yng *Nghaniedydd* yr Annibynwyr ac yn *Emynau'r Eglwys,* a dyna hefyd arfer y cenedlaethau.

43. DANIEL SILVAN EVANS, 1818-1903: Brodor o Lanarth, Ceredigion. Fe'i haddysgwyd yn Neuadd-lwyd, Coleg Aberhonddu a Choleg Dewi Sant, Llanbedr Pont Steffan. Yn 1849 fe'i hordeiniwyd yn offeiriad yn yr Eglwys Anglicanaidd, a bu'n beriglor nifer o blwyfi yn y gogledd nes ymsefydlu ym mhlwyf Llanwrin ger Machynlleth. Ef, o 1875 hyd 1883, oedd Athro Cymraeg cyntaf Coleg Prifysgol Cymru, Aberystwyth. Geiriadurwr ydoedd yn bennaf, ond yr oedd hefyd yn ysgolhaig a golygydd, ac yn fardd telyn-egol. Y mae'r emyn hwn, fel rhif 18 uchod, yn seiliedig ar Ioan 16:7-11. Fe'i cyhoeddwyd gyntaf yn *Emynau ar Amrywiol Destunau* (1840).

44. ELISEUS WILLIAMS (EIFION WYN), 1867-1926: Fe'i ganed ym Mhorthmadog. Bu'n athro ysgol yno, ac ym Mhentrefoelas, am gyfnod, ond o 1896 ymlaen bu'n gyfrifydd i Gwmni Llechi Gogledd Cymru. Cyhoeddodd nifer helaeth o delynegion syml eu natur a rhwydd eu harddull, a oedd yn boblogaidd yn eu dydd. Perthynai i enwad yr Annibynwyr. Yn 1919 anrhydeddwyd ef â gradd MA Prifysgol Cymru. Ymddengys fod yr emyn hwn yn adleisio Salm 27:4.

45. ANN GRIFFITHS, 1776-1805: Hi, yn sicr, yw prif emynyddes Cymru. Fe'i ganed yn Nolwar Fach, Llanfihangel-yng-Ngwynfa, Sir Dre-faldwyn, a'i magu'n eglwyswraig. Yn 1796, wrth wrando ar yr Annibynnwr Benjamin Jones yn pregethu yn Llanfyllin, cafodd dröedigaeth grefyddol. Ymunodd â'r seiat Fethodistaidd, ac erbyn 1804 yr oedd Dolwar Fach wedi'i gofrestru'n ffurfiol yn lle o addoliad. Gohebodd lawer â John

Hughes, Pontrobert (gweler rhif 28). Yn 1804 priododd â Thomas Griffiths o blwyf Meifod, ond bu farw flwyddyn yn ddiweddarach ar enedigaeth merch iddynt a fu, hithau, farw. Y mae ei hemynau, sy'n fynegiant o brofiad ysbrydol dwys a chyfriniol, yn frith o gyfeiriadau Ysgrythurol. Y mae yn yr emyn hwn, er enghraifft, gyfeiriadau at Ganiad Solomon 2:1 ac at Sechareia 1:8.

46. JOHN THOMAS, RHAEADR GWY, 1730-1803: Fe'i ganed yn y Col ym mhlwyf Myddfai, Sir Gaerfyrddin. Ysbeidiau byr o addysg a gafodd, ond yr oedd o dueddfryd crefyddol, ac yn 1745 cafodd dröedigaeth wrth wrando ar Howell Harris yn pregethu yn Llanddeusant. Bu am ddwy flynedd yn was yn nhŷ Griffith Jones, Llanddowror, a rhoddodd Howell Harris ysgol rad iddo yn Nhrefeca. Bu am flynyddoedd yn athro yn yr ysgolion cylchynol ac yn gynghorwr Methodistaidd, ond troes at yr Annibynwyr, a'i urddo ganddynt hwy yn 1767 yn weinidog yn Rhaeadr Gwy. Yn ddiweddarach bu'n weinidog yn Llangathen, Abergwili a Chaerfyrddin, lle y bu farw. Pregethwr o argyhoeddiad ac emynydd nodedig. Cyhoeddodd *Caniadau Seion* yn chwech o rannau rhwng 1757 a 1786, a chanodd farwnadau i rai o Fethodistiaid amlycaf ei gyfnod. Y mae'r emyn hwn o'r eiddo yn adleisio Philipiaid 2:10-11a a Datguddiad 11:15-17. Tebyg mai cyfeiriad at Genesis 11:1-9 sydd yn y pedwerydd pennill, er y gallai hefyd fod yn gyfeiriad at Fabilon.

47. THOMAS LEWIS, TALYLLYCHAU, 1759-1842: Fe'i ganed yng Nghwmcynwal, plwyf Llanwrda, Sir Gaerfyrddin, ac ymsefydlodd fel gof yn Nhalyllychau lle y bu ar hyd ei oes. Er iddo gael ei fagu'n eglwyswr, ymunodd â'r seiat Fethodistaidd yn Llansawel, ac ef oedd un o sefydlwyr yr achos Methodistaidd yn Esgair-nant yn 1806. Ymddangosodd yr emyn hwn gyntaf yn *Hymnau ar Amryw Destunau* a gyhoeddwyd yng Nghaerfyrddin yn 1823. Y mae ei gefndir, wrth gwrs, yn hanes Iesu yng ngardd Gethsemane, a'i ddioddefaint oddi ar law'r milwyr ac wedyn ar y groes. Dyma'r emyn a ysbrydolodd soned enwog D.H.Culpitt i 'Hen Efail Thomas Lewis, Talyllychau'.

48. JOHN OWEN WILLIAMS (PEDROG), 1853-1932: Brodor o blwyf Llanfihangel Bachellaeth yn Llŷn. Dechreuodd weithio pan oedd yn ddeuddeg oed; bu'n brentis o arddwr yn y Gelli-wig, ac wedyn yn arddwr yng ngerddi Dickson, Caer, a gerddi'r Plas, Machynlleth. Yn 1876 symudodd i Lerpwl i weithio mewn siop. Yn bump ar hugain oed dechreuodd bregethu gyda'r Wesleaid, ond yn 1881 ymunodd â'r Annibynwyr yn Eglwys Kensington, Lerpwl. Yn 1884 ordeiniwyd ef yn weinidog yr eglwys honno, a gwasanaethodd hi nes iddo ymddiswyddo oherwydd afiechyd yn

1930. Bu'n olygydd *Y Dysgedydd* (1922-1925) ac yn Gadeirydd Undeb yr Annibynwyr (1928-9). Yn 1917 anrhydeddwyd ef â gradd MA Prifysgol Cymru. Ystyrid ef yn fardd a llenor da. Enillodd gadair yr Eisteddfod Genedlaethol deirgwaith (1891, 1895, 1900), a bu'n Archdderwydd Cymru (1928-1932). Y mae'r emyn hwn yn adleisio 2 Timotheus 2:1-5, ac o bosibl fod yr ymadrodd 'Hollalluog fraich fy Nuw' yn y pennill cyntaf yn cyfeirio at Ecsodus 6:6.

49. WILLIAM WILLIAMS, PANTYCELYN, 1717-1791: Gweler rhif 14. Cyhoeddwyd yr emyn hwn yn *Aleluia* (1749) – emyn rhif 261 – ac yr oedd iddo yn wreiddiol ail bennill:

Ar Galfari, yng ngwres y dydd,
Y cawd y Gwystl mawr yn rhydd,
Trwy golli gwaed yn lli';
'Nawr dim heb dalu, rhoddwyd iawn
Nes clirio llyfrau'r nef yn llawn,
Heb ofyn dim i mi.

Gadawyd y pennill hwn allan o lyfr emynau'r ddwy Eglwys Fethodistaidd (1927) ac o *Ganiedydd* yr Annibynwyr (1960). Y mae *Emynau'r Eglwys* (1941) wedi cynnwys ail bennill o emyn arall – emyn rhif 94 yn *Aleluia:*

Ai Iesu mawr, Ffrind dynolryw
Wy'n weled fry, a'i gnawd yn friw,
A'i waed yn lliwio'r lle,
Fel gŵr di-bris yn rhwym ar bren,
A'r gwaed yn dorthau ar ei ben?
Ie, f'enaid, dyma Fe.

Ond fe newidiodd golygyddion *Emynau'r Eglwys* y geiriau 'Iesu mawr, Ffrind' yn y pennill hwn yn 'Iesu, Cyfaill', a'r llinell 'A'r gwaed yn dorthau ar ei ben' i 'Gan artaith yn gogwyddo'i ben'. Newidiasant hefyd y llinell 'Y ddraig a 'sigwyd gan yr Un' yn y pennill olaf i 'Y ddraig a 'sigwyd gan Dduw-ddyn'. Cadwyd y fersiwn gwreiddiol yn llyfrau emynau'r enwadau eraill, er clod iddynt. Y mae cefndir yr emyn yn I Corinthiaid 15:21-22, ac y mae'r cyfeiriad at 'Y ddraig a 'sigwyd' yn adleisio Genesis 3:15, ac efallai fythau Babilonaidd lle'r oedd y ddraig yn cynrychioli pwerau tryblith.

50. HOWELL ELVET LEWIS (ELFED), 1860-1953: Fe'i ganed yng Nghynwyl Elfed, a'i addysgu yn y Coleg Presbyteraidd, Caerfyrddin. Bu'n weinidog gyda'r Annibynwyr ym Mwcle, Hull, Llanelli a Llundain, cyn ymddeol i Benarth. Anrhydeddwyd ef gan Brifysgol Cymru â graddau MA, DD, a LlD. Enillodd goron yr Eisteddfod Genedlaethol yn 1888 ac 1891 a'r gadair yn 1894, a bu'n Archdderwydd (1923-27). Cyhoeddodd ddwy gyfrol o farddoniaeth Gymraeg o dan y teitl *Caniadau* (1895, 1901), ond at ei gilydd y mae i'w emynau fwy o arbenigrwydd na'i gerddi, ac y mae'r emyn hwn yn enghraifft dda o'r myfyrdod telynegol sy'n eu nodweddu. Y mae'r cyfeiriad at 'adain' yr Arglwydd yn y pennill cyntaf yn adleisio Salm 36:7 a Salm 61:4 etc., ac yn arbennig, efallai, Mathew 23:37. Y mae'n amlwg fod cefndir yr ail bennill yn Mathew 6:25-30.

AUTHORS OF THE WORDS

1. DAFYDD WILLIAM, LLANDEILO FACH, 1720-1794: Born in the parish of Llanedi in Carmarthenshire, he became a Methodist counsellor and was a teacher in the circulating schools of Griffith Jones, Llanddowror and Madam Bevan. At one time, he lived in Llandeilo Fach (Pontarddulais today). It is said that he had to leave the Methodist Church because of his wife's unnacceptable character. In 1777 he joined the Baptist Church and was one of the founder members and a preacher for that cause in Croes-y-parc, where he was buried. He published a famous collection of hymns entitled *Gorfoledd ym Mhebyll Seion.*

2. JOHN ELIAS, 1774-1841: Although he was born in Crynllwyn, near Pwllheli, his name is associated with Môn (Anglesey), where he lived from 1799. He was the first minister to be ordained by the Calvinistic Methodists when that Church was established in 1811, and was the chief architect of its Cyffes Ffydd (Confession of Faith). Because he was a High Calvinist and a Tory, he was known as the 'Anglesey Pope', and was, in his day, the most popular preacher in Wales. There is a reference in the last verse of this hymn to Genesis 3:15. The second verse was omitted from the Congregationalist hymn-book, *Y Caniedydd,* but is included in the Methodist hymn-books, from the very first publication in 1832 of Morris Davies's *Salmau a Hymnau* (Psalms and Hymns). It is reminiscent of the 'Burial Chapter' (I Corinthians 15:56).

3. EVAN EVANS (IEUAN GLAN GEIRIONYDD), 1795-1855: He was born in Trefriw, and educated at Llanrwst Free School. Although his parents were founder members of the Calvinistic Methodist church in the area, and he was an elder of that church, he was, in fact, ordained a priest in the Church of England, and was a curate in parishes in the Chester Diocese until he retired in 1852 and then, for a short time, in Rhyl. He was considered the foremost Welsh poet of his generation, and his hymns are amongst his best works. This hymn may refer to Psalm 107:23-30, or even Mathew 8:23-27; the sea, of course, is a metaphor for the world. The *Caniedydd* and *Emynau'r Eglwys* omit the second verse, perhaps because of its tendency to mix metaphors; the *Caniedydd,* for some reason, omits the fifth verse as well.

4. WILLIAM AMBROSE (EMRYS), 1813-1873: A native of Bangor, he was apprenticed in 1828 as a draper in Liverpool, and from there went to London where he became a member of the Borough Independent Church. In 1837, having already started preaching, he was ordained minister of Salem, Porthmadog. After his death Capel Coffa (Remembrance Chapel) in Porthmadog was built in tribute to his memory. He was a preacher, poet, author, and editor of *Y Dysgedydd* for twenty years. The inspiration for this hymn may be Exodus 15:27.

5. SAMUEL JONATHAN GRIFFITH (MORSWYN), 1850-1893: A native of Holyhead, he was, in his youth, a member of the Tabernacle Independent Church in the town. Later, however, with others, he established a split chapel where he was an elder and choir-master. He was a keen *eisteddfodwr* (attender of *eisteddfodau)* and a radical and, for a time, was sub-editor of the *North Wales Chronicle*. This is his only known hymn. It is based on Deuteronomy 32:4,15,18; Isaiah 26:4 and I Corinthians 10:4, together with verses from the Book of Psalms.

6. JOHN THOMAS JOB, 1867-1938: Born in Llandybïe and educated in Trefeca College, he became a minister with the Calvinistic Methodists in Aberdare, Bethesda and Fishguard. He won the National Eisteddfod chair on three occasions (1897, 1903 and 1918), and the crown once (1900). He also won the chair in the San Fransisco Eisteddfod in 1915. It is likely that Deuteronomy 34:25b is the inspiration for this hymn.

7. WILLIAM WILLIAMS (GWILYM CYFEILIOG), 1801-1876: He was born in Llanbryn-mair. He was a cousin to Samuel Roberts (S.R.) and was educated in a school run by the Reverend John Roberts, S.R.'s father, before continuing his studies at Welshpool. He kept a wool shop in Llanbryn-mair, and was an elder in the Methodist Chapel in the village. He was a keen *eisteddfodwr* and a good poet in the strict metres. The background to the Doctrine of Atonement, derived from the ancient customs of the Jewish faith (see Leviticus 16 etc), is the theme of this hymn. The argument presented is that Christ's sacrifice satisfies God's sense of justice, which had been offended by the sin of man, and so signifies God's forgiveness. An analogous theology is expressed in a number of old carols (carolau plygain) e.g. 'Wele'n gwawrio ddydd i'w gofio', with which this hymn may be said to bear some affinity.

8. WILLIAM BRYN DAVIES, 1865-1921: A native of Sketty, Swansea, he was a poet, musician and lay preacher, and after a period as headmaster of schools in Port Dinorwic, and Gendros, in Glamorgan, he was appointed Inspector of Schools by Glamorganshire County Council. He made his home in Barry and was an elder of Bethesda Chapel in the town.

9. JOHN GWILI JENKINS (GWILI), 1872-1936: A native of Hendy, near Carmarthen, and educated in the Baptist College in Bangor, and in the Universities of Wales (Cardiff) and Oxford (Jesus College), in 1923 he was appointed Professor of Greek at the Baptist College in Bangor. He was a theologian and poet and won the National Eisteddfod crown in 1901, and was Archdruid of Wales (1932-36). The inspiration of this hymn is the deportation of the Jews. Just as the Jews, during their captivity in Babylon, were longing to return to Jerusalem and to mount Zion, the site of their temple and God's throne, so too does the Christian long for eternal companionship with God. There is reference to 'the sacrifices of thanksgiving' Psalm 107:22, and to the Book of Hebrews 13:15. The last line of the second verse refers to Exodus 3:2-5.

10. WILLIAM LEWIS, LLANGLOFFAN, *fl.*1786-1794: His date of birth is not known, but he lived in Aber-mawr, Llangloffan, in the old Pembrokeshire. He was a weaver by trade and was an elder in the Baptist Church in Llangloffan where his brother, Thomas, was minister. A collection of his hymns entitled *Galar a Gorfoledd y Saint: neu Hymnau Cymwys a Pherthynol i Addoliad Cyhoeddus* was published by a friend in 1786. This hymn was inspired by Christ's agony in the Garden of Gethsemane (Matthew 26:36-46 etc.) and his suffering at the hands of the soldiers (Matthew 27:27-31 etc.).

11. PETER JONES (PEDR FARDD), 1775-1845: He was born in the parish of Garndolbenmaen, trained as a tailor, and practised in Liverpool, where he became a member of the Calvinistic Methodist church in Pall Mall. Later he became a teacher in a school established in conjunction with the church in Pall Mall at the instigation of Thomas Charles of Bala. He was a diligent author and well-known *eisteddfod* bard who had mastered the art of *cynghanedd*. He was buried in the cemetery of St.Paul's, Liverpool. The source of this hymn might be Ephesians 1:4. The *Caniedydd* of the Congregationalists includes an extra verse which is omitted from *Emynau'r Eglwys* and the Calvinistic and Wesleyan Methodist hymn-book.

12. DAVID TECWYN EVANS, 1876-1957: He was a Wesleyan minister, author, scholar and one of the greatest preachers of his day in Wales and beyond. He was born in Llandecwyn, Merionethshire and educated at University College, Bangor and Didsbury College. In 1957 the University of Wales awarded him the honorary degree of DD. He wrote widely on theological topics and on Welsh language and literature and, for many years, was editor of *Yr Eurgrawn.* This is a hymn of peace. There is reference in the second and third verses to Isaiah 2:4. The last two lines of the third verse reflect Ephesians 2:14-17, and the second and third lines of the third verse echo the Book of Amos 5:24.

13. SAMUEL DAVIES, 1723-1768, translation by **JOHN RICHARD JONES**, 1765-1822: This translation is sometimes attributed (as in the Baptist *Llawlyfr Moliant,* 1915 and the *Caniedydd Cynulleidfaol Newydd,* 1921) to the Reverend Joseph Harris (Gomer), 1773-1825, but it appeared for the first time, it seems, in the second edition, published in 1805, of a collection of hymns written by the Reverend John Richard Jones, Ramoth, and he, according to most recent hymnals, is the acknowledged author. He was born in Llanuwchllyn and brought up as a Congregationalist in Hen Gapel, but he converted to the Baptist denomination in 1788 and, in the following year, was ordained minister of Ramoth Church, Llanfrothen where he spent the rest of his life and was subsequently buried. He was a man of many talents: an eloquent preacher and the bardic teacher of Robert ap Gwilym Ddu (see note 22).
Samuel Davies was born in Newcastle, Delaware, U.S.A. In 1747 he was ordained minister of the Presbyterian Church in the State of Virginia, and was later appointed President of Princeton Presbyterian College. The English version of the hymn ('Great God of wonders, all thy ways') was published in the volume, *Hymns Adapted to Divine Worship,* in 1769, a year after his death.

14. Only in *Emynau'r Eglwys* are these three verses combined in one hymn. In the two Methodist hymnals, the first verse only is included; in the *Caniedydd* the first two verses appear. It is true that the third verse is not the work of Gwilym Hiraethog, but the three verses do form a unity as seen in the Church hymnal.

WILLIAM REES (GWILYM HIRAETHOG), 1802-1883: He was a native of Llansannan, who had a Calvinistic Methodist upbringing, but who became a Congregationalist minister in Mostyn, Denbigh and Liverpool, and who was an influential radical leader. He was zealous in his search for social justice, and pleaded for the freedom of slaves in America. Apart from this hymn, his famous *cywydd* to the 'Gof' (Blacksmith), and his *awdl* 'Heddwch' (Peace), he is best remembered for his prose and journalistic writing, for example his translation of *Uncle Tom's Cabin,* Harriet Beecher Stowe – *Aelwyd f'Ewythr Robert,* 1852 – and his novel,

Helyntion Bywyd Hen Deiliwr (1877). The theme of the hymn comes from John 15:13. The last couplet of the second verse echoes Psalm 85:10.

WILLIAM WILLIAMS, PANTYCELYN, 1717-1791: Wales's foremost hymn-writer and the most popular. He was born in the parish of Llanfair-ar-y-bryn. His father was an elder in the Congregational Church in Cefnarthen, and his mother the heiress to Pantycelyn Farm. He was educated in the Llwyn-llwyd Academy, near Talgarth, Breconshire, and his intention was to study medicine. Around 1737 he experienced a religious conversion whilst listening to Howell Harris preaching at Talgarth, and in 1740 he was ordained a deacon in the Anglican Church. In 1743, however, he was refused permission to take priest's orders because of his Methodist convictions. He spent the rest of his life in Pantycelyn as landowner and travelling preacher and did much to develop the Methodist *seiat* nation-wide. He, Howell Harris and Daniel Rowland are the fathers of the Methodist Revival in Wales. He published a host of hymns and other religious works, both prose and poetry, and his enormous output reflects the broad spectrum of his interests. Saunders Lewis argued, on the basis of the lyrical outpouring of passion in his hymns, that he was, 'the earliest Romantic writer in European literature'. He has been the subject of a great deal of academic studies and still arouses great interest.

15. SIMON BARTHOLOMEW JONES, 1894-1966: The youngest but one son of the Cilie family, he spent some time at sea, but after graduating from University College, Bangor, in 1930, he was ordained minister with the Congregationalists and had care of churches in Liverpool, Carno and Carmarthen. He won the National Eisteddfod crown in 1933 and the chair in 1936. From 1950 until his death he was co-editor of *Y Genhinen.* This hymn is a metrical version of Psalm 23.

16. J.D.VERNON LEWIS, 1879-1970: A native of Pentre Estyll in Glamorganshire, he graduated from the Universities of Wales and Oxford and also studied in Leipzig. He was a minister of Congregational churches in Liverpool, Wrexham and Brynaman, before his appointment as lecturer in Hebrew at University College, Swansea. Later he became Principal of Brecon College. He was a scholar and theologian who contributed widely to Welsh periodicals. The first two verses of this hymn are a translation. In the *Atodiad* (Supplement) to the Calvinistic and Wesleyan hymn-book (1985) the original version is attributed to Frances Ridley Havergal (1836-79), but in his own collection of hymns, *Mawl i'r Goruchaf* (1962), Vernon Lewis writes: 'When I heard the hymn written by J.S.B.Monsell (1811-75),

"Rest of the weary: joy of the sad" being sung so well on the lovely tune "Theodora" in my church in Salisbury Park, Wrexham, I was moved to compose, for comfort and sustenance, a hymn in Welsh expressing similar feelings'. The other three verses are not adaptations. The hymn throughout echoes the verses in Romans 8:28-30.

17. WILLIAM THOMAS (ISLWYN) 1832-1878: A poet who was born in Ynys-ddu in the old Monmouthshire. In 1853 the sudden death of the girl he intended to marry – Anne Bowen from Swansea – affected him greatly and he composed, under the one title 'Y Storm' (The Storm), two long poems describing his grief. In 1859 he was ordained minister with the Calvinistic Methodists, but never took responsibility for a church. In 1864 he married Martha Daniel from Swansea, but Anne Bowen's shadow hung over the marriage, especially as Martha's father had, by then, married Anne's mother. When this hymn was first published and edited by O.M.Edwards in *Gwaith Islwyn* (*Cyfres y Fil,* 1903) there were eight verses, and O.M.Edwards is responsible for the word *wermod* (wormwood) in the second stanza; *bustl* (bile) was the word chosen by Islwyn in the original manuscript. The hymn expresses the Christian's longing for heaven and uses, as a metaphor, the Israelites in the wilderness, and their hope of inheriting Canaan, the land promised to Abraham, the land 'flowing with milk and honey'.

18. ROGER EDWARDS, 1811-1886: A native of Bala, he was brought up in Dolgellau, where he ran a school from 1830 until about 1833. He was ordained by the Calvinistic Methodists in 1842, and became minister in Bethesda Chapel, Mold. Apart from his work as a minister and as an able administrator of his denomination, he was also a poet and an editor. He was responsible, as editor of *Y Drysorfa* (1847-1886), for persuading Daniel Owen to contribute *Y Dreflan* in episodes to the periodical, thus overcoming the Methodists' prejudice against novels. As editor of *Cronicl yr Oes* (1835-39), he aroused the anger of John Elias (see note 2) because of his radical beliefs. This hymn is based on Jesus's promise to his disciples in John 16:7, and on the realization of that promise on the first Pentecost (Acts 2:1-3).

19. EVAN REES (DYFED), 1850-1923: Born in Cas-mael, Pembrokeshire, but brought up in Aberdare, he was ordained minister with the Calvinistic Methodists in 1884, but never took responsibility for a church. He won the National Eisteddfod chair four times between 1881 and 1901; and the chair in the World Fair Eisteddfod in Chicago (1893) for his famous *awdl*, 'Iesu o Nasareth'. He was Archdruid of Wales from 1905 until 1923. The words 'river of Babel' in the second verse of this hymn refer to Psalm 137:1, a psalm written in the sixth century BC at the time when the Jews were in exile in Babylon.

20. EDMWND PRYS, 1543-1623: A native of Llanrwst, he studied at St John's College, Cambridge where he was a contemporary of William Morgan, the translator of the Bible into Welsh. He was appointed rector of Ffestiniog and Maentwrog in 1573, and archdeacon of Merioneth in 1576. In 1579 he made his home in Tyddyn Du, Maentwrog and became a landowner there. He was a prolific poet in the strict metres. He is particularly remembered for his 'dialogue' with Wiliam Cynwal, in which Cynwal represented the conservative traditions of the old Welsh bardic school, and Prys represented the new humanism. A great scholar and Protestant, his Welsh version in metre of the Psalms was published as an appendix to the 1621 edition of the *Welsh Common Prayer Book*. This hymn is a paraphrase of Psalm 100.

21. DAVID CHARLES, 1762-1834: Born in Llanfihangel Abercywyn, Carmarthenshire, a brother to Thomas Charles (later of Bala), he was apprenticed as a rope-maker in Carmarthen. He became an elder in the Calvinistic Methodist chapel, Capel Heol-y-dŵr, and one of the leaders of the Methodist movement in the south. He was ordained in the first Methodist ordination of 1811. A considerable number of his sermons was published posthumously. This popular hymn illustrates his stature as a Christian thinker and poet. The background of the hymn is the journey of the Israelites through the wilderness towards Canaan after their exodus from Egypt. Having reached the hills of Jerusalem, their capital city in the land God had promised them, they forget their worries. The Church is the new Israel, and the promise of heaven is her Canaan and new Jerusalem. Here material problems are forgotten. Our guarantee of reaching the new Jerusalem is that Jesus has gone there ahead of us. Just as the High Priest used to go into the Inner Sanctum of the Temple in Jerusalem to sacrifice animals for the sins of the people, so Jesus went into the Inner Sanctum of the new Jerusalem, through his own sacrifice, to plead for us (see Hebrews 9:11-14). 'The river whose streams gladden the city of God' (Psalm 46:4) is the blood of Christ. A similar idea is conveyed in a hymn by Thomas Jones (see note 25):

Da iawn i bechadur fod afon
A ylch yr aflanaf yn wyn;
Hi darddodd o'r nefoedd yn gyson,
Hi ffrydiodd ar Galfari fryn.

There is a reference to 'sprinkled blood' in Hebrews 12:24. It is very likely that this chapter, especially verses 22-24, is the inspiration for this hymn. However, it contains rich evocations of the whole history of Israel, the sacrificial rites, as well as the Doctrine of Atonement.

22. ROBERT WILLIAMS (ROBERT AP GWILYM DDU), 1767-1850: A native of the parish of Llanystumdwy in Eifionydd, he spent the whole of his life there as a farmer, and was held in high esteem throughout Gwynedd for his knowledge and culture. It was there too that he was taught poetry by local poets (see note 13). He was never baptised nor did he belong to any religious sect. He was buried in Aber-erch cemetery, near Pwllheli. This hymn first appeared in *Y Gwyliedydd,* September 1823. Note the reference in the third verse to *seraffiaid* (seraphim). The word has connections with the Hebrew verb meaning 'to burn'. The literal meaning of 'seraphim' is 'the ones who are burning' or 'the bright ones'. It seems that they were imaginary creatures – God's helpers in his Temple. The most well-known reference to them is in Isaiah 6.

23. TITUS LEWIS, 1773-1811: A hard-working minister and diligent writer who overtaxed himself with work. He was born in Cilgerran, the son of the Baptist minister in Cilfowyr. In 1798 he was ordained minister of the Baptist Church in Blaen-y-waun, but in 1800 he married a girl from Carmarthen and went to live and work there as minister of Porth Tywyll Church. However, he continued to give communion once a month in Blaen-y-waun, thirty miles from his new home. There is some doubt about the authorship of the second verse. In the two Methodist hymnals as too in the *Caniedydd* of the Congregational Church, only the first and third verses are attributed to Titus Lewis. In *Emynau'r Eglwys,* however, the second verse also is attributed to him. It would appear that only the first and third verses were published in Titus Lewis's own collection *Mawl i'r Oen a Laddwyd* (1802). It could be that the second verse was written in imitation of his style. The hymn as a whole celebrates Christ as God and man.

24. WILLIAM WILLIAMS, PANTYCELYN, 1717-1791: See note 14. This hymn first appeared as five verses in *Caniadau y Rhai Sydd ar y Môr o Wydr* (1762). For some reason the *Caniedydd* of the Congregationalists omits the last verse. The first line of the hymn is reminiscent of the following extract from *The Pilgrim's Progress,* John Bunyan (1628-88):

'He ran thus till he came at a place somewhat ascending; and upon that place stood a Cross, and a little below in the bottom, a Sepulchre. So I saw in my Dream, that just as Christian came up with the Cross, his burden loosed from off his Shoulders, and fell from off his back; and began to tumble; and so continued to do, till it came to the mouth of the Sepulchre, where it fell in, and I saw it no more.

'Then was Christian glad and lightsom, and said with a merry heart, "He hath given me rest by his sorrow; and life by his death". Then he stood still a while, to look and wonder; for it was very surprising to him, that the sight of the Cross should thus ease him of his burden.'

25. THOMAS JONES, 1756-1820: Born in Caerwys he received a good education, for his parents intended him to become a priest. In 1772, however, he joined the Calvinistic Methodists, and after starting to preach in 1783 was responsible for the Methodists' cause in Mold, Ruthin and Denbigh. He was ordained at the first Methodist ordination of 1811. He was a scholar, theologian, historian, writer and poet. He wrote a famous *cywydd*, 'Yr Aderyn Bronfraith' (The Thrush). He was also one of the most able of the Methodist leaders. He endeavoured to keep the Methodist movement to the path of moderation, from a theological standpoint, and he opposed the forming of its 'Confession of Faith' *(Cyffes Ffydd)*. This hymn is sometimes referred to as Thomas Jones's own 'confession of faith'. Reference is made in the first and last couplets of the first verse to Job 19:25-26, and in the third line of the second verse to Hebrews 12:2.

26. ELLIS WYNNE, 1671-1734: He was born at Y Lasynys, between Talsarnau and Harlech and educated at Jesus College, Oxford. In 1704 he was ordained priest in the Anglican Church, and appointed rector of Llanbedr and Llandanwg in his native area. His most important works are *Gweledigaetheu y Bardd Cwsc* (1703) and his translation into Welsh of *The Rule and Exercises of Holy Living*, Jeremy Taylor, *Rheol Buchedd Sanctaidd* (1701). In 1710 he edited a publication of the *Common Prayer Book*. He was a staunch churchman and royalist and a first-rate Welsh author. The inspiration for this hymn is the resurrection of Lazarus as recorded in John 11:24-26.

27. WILLIAM ELLIS (GWILYM AB ELIS), 1752-1810: He was born in the parish of Llanycil, Bala and he was also buried there. He was a writer of ballads as well as hymns. In 1786 he published a small booklet of hymns, entitled *Ychydig o Hymnau a Chaniadau Newyddion ar Amrywiol Achosion.* This hymn, in six verses, first appeared in that booklet. It is misattributed in the Wesleyan and Calvinistic Methodist hymn-book (1927) to William Edwards of Bala (1773-1853).

28. JOHN HUGHES, PONTROBERT, 1775-1854: He was born in Penyfigin, Llanfihangel-yng-Ngwynfa, Montgomeryshire, and was a weaver by trade. He is said to have been of unkempt appearance. He joined the Methodist *seiat* in Pen-llys and became a teacher in the circulating schools. He lodged for a period in Dolwar Fach and became friendly with Ann Griffiths (see note 45) and corresponded a great deal with her. He was ordained in the Bala *sasiwn* in 1814 and then settled in Pontrobert. He married Ruth Evans, a maid in Dolwar Fach, in 1805 and it was they who were responsible for recording Ann Griffiths's hymns for posterity. Apart from his hymns he also published a number of biographies and sermons. This hymn is based on John 14:26.

29. EBENEZER THOMAS (EBEN FARDD), 1802-1863: He was a native of the Llangybi area of Eifionydd and was educated locally. He became a schoolmaster, first in Llangybi, and then in Llanarmon and Clynnog. He was a friend of Robert ap Gwilym Ddu (see note 22), and was considered one of the best Welsh poets of his time. In 1824 he won the chair at the Powys Eisteddfod in Welshpool for his *awdl*, 'Dinistr Jerusalem' (The Destruction of Jerusalem). He also wrote many occasional poems; he contributed regularly to various Welsh periodicals of the time and was a diligent *eisteddfod* adjudicator. His wife and three of their four children predeceased him. This hymn reflects these bitter bereavements.

30. WILLIAM WILLIAMS, PANTYCELYN, 1717-1791: See note 14. This hymn is reminiscent of Revelations 4:11.

31. DAFYDD MORRIS, TŴR-GWYN, 1744-1791: He was born in Lledrod, Cardiganshire, and is said to have been a drover in his youth. He started preaching with the Methodists in 1765, and became one of the best-known preachers of his time. In 1774 he was invited to take charge of the Methodist *seiat* in Tŵr-gwyn in the parish of Trefdreyr (Troed-yr-aur). He was buried in the cemetery in Trefdreyr. He is the author of the second verse of this hymn. It was first published in his collection entitled *Cân y Pererinion Cystuddiedig ar eu Taith tua Seion* (1773). The editors of the hymn-book of the two Methodist denominations (1927) then combined this verse with two other verses by well-known poets – the first from Harri Siôn of Pontypool's anthology (1773) and the third from the collection by the Calvinists of the southern counties (1841).

32. HUGH JONES, MAESGLASAU, 1749-1825: A native of the parish of Mallwyd, he received a good education and was a teacher in London for a period. In 1786 he was one of a group who established the Calvinistic

Methodist cause in the parish of Mallwyd. From 1798 until 1817 he had charge of schools in various parts of Merionethshire and Montgomeryshire. Afterwards, and until his death, he worked for several publishers in Dolgellau, Caernarfon and Denbigh, translating books for publication amongst which was *The Complete Work of Josephus, the Jewish Historian (Holl Waith Josephus, yr Hanesydd Iddewig)* (1819). His most famous book, possibly, is *Cydymaith yr Hwsmon* (1774). He also published two volumes of poetry. This hymn first appeared in the second volume, *Hymnau Newyddion* (1797). The main theme is Christ's suffering on the cross, but there is a reference in the first couplet to Isaiah 25:7-8.

33. JOHN ROBERTS, 1910-1984: Born in Llanfwrog, Anglesey, he was ordained minister in the Calvinistic Methodist Church in 1938 and officiated as a minister in Bethesda, Porthmadog, Bala and Caernarfon. He retired to Llanfwrog and was buried there. He was a preacher, a pastor, a poet and a great benefactor. The inspiration for this hymn comes from John 20:19-20, but there is a reference in the last verse to Psalm 133:1.

34. THOMAS WILLIAMS, BETHESDA'R FRO, 1761-1844: Born in Trerhedyn, Pendeulwyn, Glamorganshire, he joined the Methodists, but left them after the Reverend Peter Williams was excommunicated for alleged heresy in 1791, and became minister in the Congregational chapel in Bethesda'r Fro in the Vale of Glamorgan. He was buried there by the wall of the church. He published a number of hymns and elegies. This hymn first appeared in *Perl Mewn Adfyd* (1814). The last verse refers to Luke 15:1 and 18:3.

35. THOMAS GWYNN JONES, 1871-1949: One of the greatest Welsh poets of the twentieth century, he was born in Betws-yn-Rhos, Denbighshire, and although he had little formal schooling, he showed a disposition towards literature from an early age. After a period as a journalist and then as a cataloguer in the National Library of Wales, he was appointed, in 1913, lecturer in Welsh at the University College of Wales, Aberystwyth, and in 1919 he became Professor of Welsh. Although he was a celebrated scholar and prose writer, it is as a poet that he will be best remembered. His *awdl*, 'Ymadawiad Arthur', which won him the National Eisteddfod chair in 1902, is important for being the first of many great poems by him based on Celtic mythology. His last volume of poetry, *Y Dwymyn* (1944), portrays the barbarism of war. This hymn is an old man's prayer for God's forgiveness for the sins of his age.

36. EDWARD CEFNI JONES, 1871-1972: He was born in Rhostrehwfa, Anglesey and was apprenticed as a carpenter before entering the Baptist College in Bangor and becoming minister of the Baptist churches in Ffestiniog, Hirwaun and Bangor. He was a friend of John Gwili Jenkins (see note 9). He edited the *Llawlyfr Moliant Newydd,* and was President of the Baptist Union in 1954. This hymn is based on Matthew 27:55-56 and 28:1-6.

37. MORGAN RHYS, 1716-1779: Born in Efail Fach, Cil-y-cwm, Carmarthenshire, he was a circulating teacher in Cardiganshire and Carmarthenshire between 1757 and 1775. He was evidently a Methodist because, in his will, he left money to some of the most famous Methodists of the time, including Daniel Rowland and William Williams, Pantycelyn (see note 14). He published several volumes of hymns, together with some elegies. The three verses of this hymn appeared originally in separate volumes, and were combined in one hymn for the first time by Morris Davies in his volume, *Salmau a Hymnau* (1832). This hymn, like number 34, is based on Luke 18:13, but the reference in the first couplet of the last verse is to Samuel 22:12. The last couplet of the second verse echoes Revelations 22:2-3.

38. JOHN GRUFFYDD MOELWYN HUGHES (MOELWYN), 1866-1944: A native of Tanygrisiau, Blaenau Ffestiniog, he graduated from the University of Leipzig and became one of the foremost ministers of the Calvinistic Methodist Church. He published studies on William Williams, Pantycelyn (see note 14), as well as four volumes of poetry, and was editor of *Y Drysorfa.* It is said that he was only eighteen years old when he wrote this hymn. The theme is the Christian's longing for heaven expressed through the metaphor of the Jews' longing for Jerusalem during their captivity in Babylon. There is a reference in the first verse to Psalm 108:10, and in the second verse to Psalm 137:1.

39. JOHN CEIRIOG HUGHES (CEIRIOG), 1832-1887: One of Wales's most popular poets, he was born in Llanarmon Dyffryn Ceiriog, and went to Manchester in 1849, where he had a job in a grocer's shop, and afterwards in a goods depot. It was in Manchester, in the company of R.J.Derfel and others, that he came to appreciate Welsh traditions. He collected Welsh folk-songs throughout his life and wrote popular words to accompany the melodies, on such topics as patriotism, nature and love. In 1865 he returned to Wales. He was station-master in Llanidloes and afterwards in Tywyn, and in 1871 he was appointed inspector of the new railway line between Caersŵs and Fan. He published seven volumes of poetry and some of his songs are still popular today. He wrote few hymns. This one is based on the portrayal of the heavenly Jerusalem in Revelations 21:9-27. John Morris-Jones (*Cerdd Dafod* p. 37) quotes the second part of the first verse as a good example of hyperbaton (a figure by which words are transposed from their natural order), the natural order being 'Pa bryd y caiff fy llygaid ymagor; pa bryd y caiff fy mhen ymorffwys?' (When shall my eyes open; when shall my head rest?).

40. THOMAS ROWLAND HUGHES, 1903-1949: A novelist and poet, he was born in Llanberis and educated at University College, Bangor and Jesus College, Oxford. In 1930 he was appointed lecturer in English in Coleg Harlech, and in 1934 became warden of an Adult Education Centre in London. In 1935 he returned to Wales as producer of features programmes for the BBC in Cardiff, but his health deteriorated and he died a young man. He won the National Eisteddfod chair on two occasions (1937 and 1940), but he is best remembered for his five novels, which illustrate his talent for creating characters and telling a story. This lyrical hymn became very popular in *cymanfaoedd canu* (singing festivals) and with choirs.

41. WILLIAM RHYS NICHOLAS, 1914-: A native of Tegryn, Llanfyrnach, Pembrokeshire, he was Congregationalist minister in the Llandysul area, and afterwards in Porth-cawl. He published three volumes of poetry, and was editor of *Y Genhinen* for over fifteen years. In 1987 he was promoted to Administrative Druid of *Gorsedd y Beirdd*. This hymn is one of the most popular written in recent years.

42. ROWLAND FYCHAN, *c.*1587-1667: He was the son of the squire of Caer-gai, near Llanuwchllyn, and studied in Oxford University. In 1642 he became High Sheriff of Merionethshire. He was a staunch churchman, and a supporter of the King in the Civil War. He is reputed to have fought in the Battle of Naseby (1645), when Cromwell's army defeated the Royalists. In revenge, Caer-gai was burnt to the ground, and his inheritance was transferred to his nephew. In 1654 he was imprisoned in Chester, but when the throne was restored so, too, was his freedom and his inheritance and he built a new home in Caer-gai. He was a good poet in both strict and free metres, but he is best remembered as a translator of prose, and his *Ymarfer o Dduwioldeb*, a translation of *The Practice of Piety*, by Lewis Bayly, is a classic. This hymn is a translation of the old Latin hymn 'Veni Creator Spiritus'. It is not attributed to Rowland Fychan in the two Methodist hymn-books, but it is attributed to him in the *Caniedydd* and *Emynau'r Eglwys*, and is generally accepted to be his work.

43. DANIEL SILVAN EVANS, 1818-1903: A native of Llanarth, Cardiganshire, he was educated in Neuadd-lwyd, Brecon College and St David's College, Lampeter. In 1849 he was ordained a priest in the Anglican Church and served in several parishes in north Wales before settling in the parish of Llanwrin, near Machynlleth. From 1875 to 1883 he was the first Professor of Welsh at the University College of Wales, Aberystwyth. He was primarily a lexicographer, but also a scholar, an editor and a lyric poet. This hymn, as is number 18, is based on John 16:7-11. It was first published in *Emynau ar Amrywiol Destunau* (1840).

44. ELISEUS WILLIAMS (EIFION WYN), 1867-1926: He was born in Porthmadog, and was a school-master in the town, and in Pentrefoelas, for a time, but from 1896 he was accountant to the North Wales Slate Company. He published a large number of simple, lyrical poems which were very popular at the time. He was a member of the Congregational Church. In 1919 he was awarded an honorary MA degree by the University of Wales. This hymn appears to echo Psalm 27:4.

45. ANN GRIFFITHS, 1776-1805: She is undoubtedly one of Wales's foremost hymn-writers. She was born in Dolwar Fach, Llanfihangel-yng-Ngwynfa, Montgomeryshire and was brought up in the Church. In 1796, whilst listening to the Congregationalist Benjamin Jones preaching in Llanfyllin, she experienced a religious conversion. She joined the Methodist *seiat*, and by 1804, Dolwar Fach was officially registered as a place of worship. She corresponded at length with John Hughes, Pontrobert (see note 28). In 1804 she married Thomas Griffiths from the parish of Meifod, but died a year later giving birth to a daughter who also died. Her hymns are an expression of a deep and mystical spiritual experience and are studded with references from the Scriptures. In this hymn, for example, there are references to the Song of Solomon 2:1 and Zechariah 1:8.

46. JOHN THOMAS, RHAEADR GWY, 1730-1803: He was born in Col, in the parish of Myddfai in Carmarthenshire. His education was sporadic but he was of religious inclination, and in 1745 he experienced a religious conversion while listening to Howell Harris preaching in Llanddeusant. He spent two years as a servant in the home of Griffith Jones, Llanddowror, and Howell Harris allowed him free education in Trefeca. He was a teacher for many years in the circulating schools and a Methodist counsellor, but then he turned to the Congregationalists and was ordained a minister in Rhaeadr Gwy in 1767. Later he was minister in Llangathen, Abergwili and, at the end of his life, in Carmarthen. He was a preacher of conviction and a notable hymn-writer. He published *Caniadau Seion* in six parts between 1757 and 1786, and wrote elegies to some of the most prominent Methodists of the time. This hymn echoes the words of Philippians 2:10-11a and Revelations 11:15-17. It is likely that the reference in the fourth verse is to Genesis 11:1-9, but it could also refer to Babylon.

47. THOMAS LEWIS, TALYLLYCHAU, 1759-1842: He was born in Cwmcynwal in the parish of Llanwrda in Carmarthenshire, but lived throughout his life in Talyllychau where he worked as a blacksmith. Although he was brought up in the Church, he joined the Methodist *seiat* in Llansawel, and was one of the founder members of the Methodist Chapel in Esgair-nant in 1806. This hymn first appeared in *Hymnau ar Amryw Destunau,* published in Carmarthen in 1823. The background, of course, is the story of Jesus in the garden of Gethsemane, and his suffering at the hands of the soldiers and afterwards on the cross. This hymn was the inspiration for D.H.Culpitt's famous sonnet to 'Hen Efail Thomas Lewis, Talyllychau' (Thomas Lewis's Old Smithy, Talyllychau).

48. JOHN OWEN WILLIAMS (PEDROG), 1853-1932: A native of the parish of Llanfihangel Bachellaeth in Llŷn, he started work at the age of twelve as apprentice gardener in Gelli-wig. He was later gardener in the Dickson gardens, Chester, and the Plas gardens, Machynlleth. In 1876 he moved to Liverpool to work in a shop. At the age of twenty-five he started preaching with the Wesleyans, but in 1881 he became a member of the Kensington Congregational Church in Liverpool. In 1884 he was ordained minister of that church, and served there until 1930 when he retired due to ill health. He was editor of *Y Dysgedydd* (1922-25), and President of the Congregationalists' Union (1928-29). In 1917 he was awarded an honorary degree of MA by the University of Wales. He was considered a good poet and author. He won the National Eisteddfod chair on three occasions (1891, 1895, 1900), and was Archdruid of Wales (1928-1932). This hymn has echoes of 2 Timothy 2:1-5, and perhaps the phrase 'Hollalluog fraich fy Nuw' (Almighty arm of God) in the first verse refers to Exodus 6:6.

49. WILLIAM WILLIAMS, PANTYCELYN, 1717-1791: See note 14. This hymn was published in *Aleluia* (1749) – number 261 – and in the original there was a second verse:

> *Ar Galfari, yng ngwres y dydd,*
> *Y cawd y Gwystl mawr yn rhydd,*
> *Trwy golli gwaed yn lli';*

'Nawr dim heb dalu, rhoddwyd iawn
Nes clirio llyfrau'r nef yn llawn,
Heb ofyn dim i mi.

This verse was omitted from the Methodist hymn-book (1927) and from the *Caniedydd* of the Congregationalists (1960). *Emynau'r Eglwys* (1941) includes a second verse from another hymn, number 94 in *Aleluia*:

Ai Iesu mawr, Ffrind dynolryw
Wy'n weled fry, a'i gnawd yn friw,
A'i waed yn lliwio'r lle,
Fel gŵr di-bris yn rhwym ar bren,
A'r gwaed yn dorthau ar ei ben?
Ie, f'enaid, dyma Fe.

But the editors of *Emynau'r Eglwys* changed the words 'Iesu mawr, Ffrind' in this verse to 'Iesu, Cyfaill', and the line 'A'r gwaed yn dorthau ar ei ben' to 'Gan artaith yn gogwyddo'i ben'. They also changed 'Y ddraig a 'sigwyd gan yr Un' in the last verse, to 'Y ddraig a 'sigwyd gan Dduw-ddyn'. To their merit, the other denominations kept the original version in their hymn-books. Inspiration for the hymn can be found in I Corinthians 15:21-22, and the reference to 'Y ddraig a 'sigwyd' echoes Genesis 3:15, and, maybe, Babylonian mythology where the dragon symbolised powers of chaos.

50. HOWELL ELVET LEWIS (ELFED), 1860-1953: He was born in Cynwyl Elfed and educated in the Presbyterian College in Carmarthen. He was a Congregationalist minister in Buckley, Hull, Llanelli and London, before retiring to Penarth. He was awarded honorary degrees of MA, DD and LlD by the University of Wales. He won the National Eisteddfod crown in 1888 and 1891 and the chair in 1894; he was Archdruid from 1923 to 1927. He published two volumes of Welsh poetry, entitled *Caniadau* (1895, 1901), but by and large, his hymns have more distinction than his poems, and this hymn is a good example of the lyrical contemplation which typifies his work. The reference to the Lord's 'wing' *(adain)* in the first verse is reminiscent of Psalm 36:7 and Psalm 61:4, and more particularly Matthew 23:37. The inspiration for the second verse is clearly Matthew 6:25-30.

'Pwrpas pob cerddoriaeth yw moliannu Duw. Pe na byddai felly, ni fyddai cerddoriaeth yn bod – dim ond sŵn a discord.' Johann Sebastian Bach.

CYFANSODDWYR Y TONAU

1. WILLIAM P. ROBERTS, 1862-1912: Ganed yn Aberteifi – ei dad yn frodor o dref Aberteifi a'i fam yn hanu o Flaen-ffos. Siopwr ydoedd er iddo gael ei brentisio yn saer. Cafodd wersi cynghanedd gan y Parchedig W.Gynon Evans, gweinidog Bedyddwyr Pen-y-bryn a Chilgerran a dysgodd ganu'r ffidil a'r delyn. Dioddefodd gryn gystudd yn niwedd ei oes. Yr oedd yn aelod ffyddlon o eglwys Bethania (B), Aberteifi, a galwodd ei dôn yn 'Bryngogarth' ar ôl enw cartref ei weinidog, y Parchedig John Williams, a fu ym Methania o 1880 hyd ei farw yn 1929. Claddwyd W.P.Roberts ym mynwent Blaen-ffos a rhoddwyd yr englyn canlynol o waith gweinidog yr eglwys honno, y Parchedig Aaron Morgan, ar y maen coffa:

Un hysbys oedd yn nosbarth – y gân fwyn.
Gwyn ei fyd, frawd di-warth;
Tra cenir, nis gwelir gwarth
Yn gwgu o'i Fryngogarth.

2. JOHN THOMAS REES, 1857-1949: Ganed yng Nghwmgïedd ger Ystradgynlais. Bu'n löwr am ychydig cyn treulio cyfnod yn Aberystwyth yn derbyn gwersi gan y Dr Joseph Parry. Derbyniodd radd MusBac o Brifysgol Toronto. Wedi dychwelyd o Unol Daleithiau'r America ymgartrefodd yn Bow Street ger Aberystwyth a bu'n athro ar ddosbarthiadau cerddoriaeth i oedolion ac yn arwain corau. Bu hefyd yn athro rhan-amser yn Ysgol Sir Tregaron ac am gyfnod byr yn athro cynorthwyol yn Adran Gerdd Coleg y Brifysgol, Aberystwyth, dan Walford Davies a David de Lloyd. Bu'n organydd ac yn arweinydd y gân yng Nghapel y Garn, Bow Street. Yr oedd yn gyd-olygydd *Llyfr Hymnau a Thonau y Methodistiaid Calfinaidd* (1897) a *Llyfr Emynau a Thonau y Methodistiaid Calfinaidd a Wesleaidd* (1927).

3. THOMAS HOPKIN EVANS,1879-1940: Ganed yn Resolfen. Roedd yn gefnder i'r Dr David Evans. Bu'n organydd Eglwys Bresbyteraidd Saesneg Castell-nedd (1909-1919) ac yna'n arweinydd Undeb Corawl Cymreig Lerpwl – olynydd Harry Evans. Enillodd radd Doethur mewn Cerddoriaeth o Brifysgol Rhydychen. Cyfansoddwyd y dôn hon er cof am Cadwaladr Jones, Hafod y Fraith, Rhyd-y-meirch, Penmachno. Dywedir bod y nodau a roddwyd ar y geiriau 'Fy Nhad' yn efelychu dull Cadwaladr Jones o ddweud y geiriau wrth weddïo'n gyhoeddus.

4. JOHN HUGHES, 1896-1968: Ganed yn Rhosllannerchrugog; ef oedd brawd hynaf Arwel Hughes (gweler rhif 40). Bu'n gweithio yng nglofa'r Hafod cyn graddio mewn cerddoriaeth o Goleg Prifysgol Cymru, Aberystwyth, yn 1924. Bu'n organydd eglwys Noddfa, Treorci, cyn ei benodi'n Drefnydd Cerdd Sir Feirionnydd (1942-1961). Ef oedd golygydd *Llawlyfr Moliant y Bedyddwyr* (1955). Enw ei gartref yn Y Rhos oedd 'Arwelfa'.

5. CARADOG ROBERTS, 1878-1935: Ganed yn Rhosllannerchrugog a threuliodd ei oes yn y pentref hwnnw. Bu'n organydd yng Nghapel Bethlehem (A) a graddiodd mewn cerddoriaeth. Prentisiwyd ef yn saer. Astudiodd gerddoriaeth gyda'r Dr Joseph Bridge, organydd Eglwys Gadeiriol Caer, a Johannes Weingarter, y pianydd. Yn 1911 ef oedd y Cymro ieuangaf erioed o ogledd Cymru i ennill gradd Doethur mewn Cerddoriaeth. Bu'n Gyfarwyddwr Cerdd Coleg y Brifysgol, Bangor (1914-1920). Cyfansoddodd y dôn hon er cof am Harry Evans, Lerpwl (1873-1914). Ymddangosodd gyntaf yn *Cymru* (gol. O.M.Edwards), Hydref 1914, dan yr enw 'Dowlais'.

6. MATTHEW WILLIAM DAVIES, 1882-1947: Ganed yng Nghastell-nedd. Dysgodd sol-ffa yn fachgen a derbyniodd wersi gan David Evans yn Llundain. Pan benodwyd y Dr Evans yn Athro Cerdd Coleg y Brifysgol, Caerdydd, dilynodd Matthew Davies ef yno fel myfyriwr. Bu'n athro cerdd yng Nghastell-nedd, yn organydd Eglwys Bethlehem Green (M.C.) ac yn arweinydd y cwmni opera a'r côr meibion lleol. Yr oedd yn feirniad ac yn arweinydd cymanfaoedd canu. Galwodd y dôn hon ar ôl enw cartref cyfeillion iddo yng Nghastell-nedd.

7. JOHN THOMAS, 1839-1921: 'Y cyfansoddwr o Flaenannerch a'r beirniad a'r arweinydd o Lanwrtyd.' Ganed ym Mlaenannerch ger Aberteifi a'i addysgu yn y pentref hwnnw ac yn Ysgol Ramadeg Adpar. Bu'n brentis mewn siop yng Nghastellnewydd Emlyn cyn dychwelyd i Flaenannerch i ofalu am siop ei dad. Enillodd lu o wobrau mewn eisteddfodau am gyfansoddi. Yn 1871 priododd Anne, merch Swyddfa Bost Llanwrtyd, a symudodd yno i fyw. Derbyniodd radd MA er Anrhydedd gan Brifysgol Cymru yn 1920. Dywedir mai clywed y Parchedig John Jones, Blaenannerch, yn gweiddi'r gair 'Iawn' ar bregeth a ysbrydolodd John Thomas i gyfansoddi'r dôn hon.

8. LEWIS JONES ROBERTS, 1866-1931: Brodor o Aberaeron, Ceredigion. Addysgwyd ef yng Ngholeg Dewi Sant, Llanbedr Pont Steffan, ac yng Ngholeg Exeter, Rhydychen. Bu am gyfnod byr yn ddarlithydd

Hanes yn Llambed cyn cael ei benodi yn un o Arolygwyr Ysgolion ei Fawrhydi. Yn y swydd honno bu'n byw yn Aberystwyth, Y Rhyl, ac Abertawe cyn ymddeol i Aberaeron. Enw ei gartref oedd 'Llys Aeron'.

9. JACOB GABRIEL, 1879-1950: Ganed yn Argoed, Mynwy, yn fab i John Gabriel, cyfansoddwr y dôn 'Bryn Terrace'. Brawd iddo oedd Thomas Gabriel, cerddor abl arall. Bu Jacob Gabriel yn organydd eglwys Bedyddwyr Argoed am flynyddoedd ac yn arweinydd Undeb Corawl Coed-duon, Mynwy. Cyfansoddodd Requiem er cof am Edward VII. Yr oedd yn gyfeilydd medrus iawn.

10. JOHANN SEBASTIAN BACH, 1685-1750: Ganed yn Eisenach, Thuringia, a bu'n ymwneud â cherddoriaeth eglwysig ymron gydol ei oes. Ei swydd ddiwethaf oedd kapellmeister Eglwys St Thomas, Leipzig. Yr oedd yn un o brif organyddion ei ddydd. Priododd ddwywaith a bu'n dad i ugain o blant. Y mae Bach yn un o gyfansoddwyr mawr y byd ac ni ellir gwneud cyfiawnder â'i athrylith mewn nodiadau byr fel hyn. Y mae 'Mannheim' yn enghraifft o gorâl Almaenig. Addasiad ydyw o gân gorawl seciwlar gan Hans Leo Hassler (1564-1612). Defnyddiodd Bach yr alaw bump o weithiau yn ei *Ddioddefaint yn ôl Sant Mathew (O Haupt voll Blut und Wunden)*.

11. SALMYDD GENEFA, 1551: Cyfrol a gyhoeddwyd ar gais John Calvin. Nid oes sôn am ffynonellau'r alawon yn y gyfrol, ond tybir mai cyfansoddwr y dôn arbennig hon oedd Claude Goudimel (*c.*1510-1572). Cyfansoddai ef gerddoriaeth a genid gan Babyddion a Phrotestaniaid nes y gwaharddwyd hynny gan Eglwys Rufain. Bu Goudimel farw yng Nghyflafan Sant Bartholomew.

12. OLIVE VALERIE DAVIES, *née* WILLIAMS, 1895-1971: Ganed ym Mhont-y-gwaith, y Rhondda, yn ferch i weinidog gyda'r Methodistiaid Calfinaidd ac wyres (o ochr ei mam) i'r Parchedig Jenkin Jenkins, Pont-rhyd-y-fen. Astudiodd gerddoriaeth yng Ngholeg y Brifysgol, Caerdydd. Bu'n ddarlithydd mewn cerddoriaeth yng Ngholeg Hyfforddi Cartrefle, Wrecsam. Yr oedd ei phriod, y Parchedig E.R.Davies, yn weinidog ar Eglwys Annibynnol Saesneg Stryd Caer, Wrecsam. Enw gwreiddiol y dôn hon oedd 'Tangnefedd ar y Ddaear.'

13. THOMAS DAVID EDWARDS, 1875-1930: Ganed yn Pittson, Pennsylvania, Unol Daleithiau'r America, yn fab i 'Iorwerth Glan Elyrch' a ymfudodd yno o Sir Fynwy. Dychwelodd T.D.Edwards i Bontypridd a dysgodd gerddoriaeth ar ei liwt ei hun. Bu'n organydd yn Nhreharris,

Pontypridd a Phorthmadog. Ef oedd athro cerdd cyntaf Morfydd Owen (gweler rhif 32). Yr oedd yn organydd medrus iawn.

14. THOMAS JOHN WILLIAMS, 1869-1944: Lledaenwyd stori (gelwyddog) i'r dôn gael ei darganfod mewn potel ar un o draethau Pen Llŷn – dyna pam y cafodd y llysenw 'Tôn y Botel'. Ganed ei chyfansoddwr yn Ynysmeudwy a bu'n organydd yn Llanelli.

15. JESSIE SEYMOR IRVINE, 1836-1887: Merch i weinidog o'r Alban a ganwyd hi yn Dunothar cyn i'w thad symud i Peterhead ac yna i Crimond. Bu cryn ddadlau ynglŷn ag union awduraeth y dôn (gweler *Rhagor am Donau a'u Hawduron*, Huw Williams, 1969, tud. 93).

16. ALFRED LEGGE, 1843-1919: Ganwyd yng Nghaer-grawnt a bu farw yn Ashford, Swydd Caint lle bu'n organydd a chôr-feistr. Clywed yr emyn 'Rest of the weary, joy of the sad' ar y dôn hon yn Salisbury Park, Wrecsam, a fu'n ysbrydoliaeth i Vernon Lewis i gyfieithu'r emyn.

17. JOSEPH DAVID JONES, 1827-1870: Ganed ym Mryncrugog, Llanfair Caereinion. Addysgwyd yng Ngholeg Hyfforddi Borough Road, Llundain, am ychydig fisoedd yn unig. Agorodd ysgol yn Nhywyn, Meirionnydd. Yn 1865 symudodd i Ruthun, gan agor ysgol breifat yn Clwyd Bank. Bu ei gyfrol *Alawon y Bryniau* yn gyfraniad pwysig i ddatblygiad cerddoriaeth Cymru drwy arloesi'r ffordd i unawdau Cymraeg a ddaeth mor boblogaidd ddechrau'r ganrif hon. Meibion iddo oedd y Parchedig J.D.Jones (Bournemouth) a H.Haydn Jones a fu'n Aelod Seneddol dros Sir Feirionnydd.

18. ASCAN HENRI THEODORE LUTTEROTH, 1802-1889: Ganed yn Leipzig ond symudodd i Ffrainc a bu farw ym Mharis. Ymddangosodd ei dôn gyntaf yn *Chants Chrétiens* (1834).

19. DANIEL PROTHEROE, 1866-1934: Brodor o Ystradgynlais. Pan oedd yn ddeunaw oed ef oedd arweinydd Côr Ystalyfera. Yn bedair ar bymtheg oed ymfudodd i Unol Daleithiau'r America a graddiodd mewn cerddoriaeth o Brifysgol Toronto. Yn ddiweddarach graddiodd yn DMus. Bu'n arwain llawer o gorau yn America. Yn 1894 symudodd i Milwaukee ac oddi yno i Chicago lle bu'n athro mewn ysgol gerdd. Byddai'n ymweld â Chymru'n gyson, a chadwodd ef a'i blant yr iaith yn fyw ar eu gwefusau. Ysgrifennodd gyfrolau fel *Nodau Damweiniol a D'rawyd* (1924). Cyfansoddodd lawer o weithiau corawl. Cyflwynodd y dôn hon i John Price (brawd Tom Price, Merthyr).

20. YR HEN GANFED: Ni wyddom lawer am darddiad y dôn. Yn ôl un traddodiad fe'i cyfansoddwyd gan Louis Bourgeois (1523-1600), golygydd cerdd *Salmydd Genefa,* 1551. Dewisodd Edmwnd Prys y dôn ar gyfer y ganfed salm yn ei *Salmau Cân* (1621).

21. CRUG-Y-BAR: Alaw Gymreig na wyddom lawer o'i hanes. Cafodd ei galw'n 'Bethel' ac yn 'Bozrah'.

22. BRYNHYFRYD: Alaw Gymreig a briodolir weithiau i John Williams, Dolgellau (gweler rhif 26). Hon oedd hoff dôn David Lloyd George. Trefniant J.T.Rees (gweler rhif 2) a geir yma.

23. JOHN MORGAN NICHOLAS, 1895-1963: Brodor o Ben-y-cae, Port Talbot. Astudiodd yn y Coleg Cerdd Brenhinol. Bu'n Drefnydd Cerdd Sir Drefaldwyn (1920-24) ac wedi hynny yn athro cerdd yng Nghroesoswallt cyn cael ei benodi'n Gyfarwyddwr Cyngor Cerdd Prifysgol Cymru yn 1947.

24. ARABIA: Ymddangosodd, yn ddienw, gyda'r alaw yn y tenor, yn ôl yr arfer, yn *Caniadau Seion* (1840) gan Richard Mills o Lanidloes.

25. LOWELL MASON, 1792-1872: Enw arall ar y dôn yw 'St Andrew(s)'. Yr oedd y Dr Mason, brodor o Massachusetts a fu farw yn Orange, New Jersey, yn un o arloeswyr cerddorol Unol Daleithiau'r America, yn arbennig felly yn ysgolion Boston. Trefniant **EVAN THOMAS DAVIES** (1878-1969) a geir yma. Ganed ef yn Nowlais, ei fam yn gyfnither i R.S.Hughes. Bu'n astudio gyda Harry Evans. Penodwyd ef yn Gyfarwyddwr Cerdd Coleg y Brifysgol, Bangor (1920-1942), i ddilyn Caradog Roberts (gweler rhif 5).

26. JOHN WILLIAMS (IOAN RHAGFYR), 1740-1821: Ganed ym mhlwyf Celynnin, Meirionnydd yn fab i wneuthurwr brethyn, a magwyd yn Nhal-y-waen ger Dolgellau. Cafodd addysg gerddorol yn Amwythig lle dysgodd ganu'r ffliwt a'r trwmped. Bu'n glerc i gyfreithiwr yn nhref Dolgellau a bu'n cadw ysgolion ym Meirionnydd. Cyfansoddodd nifer o weithiau offerynnol. Daeth ei anthem 'Cenwch i'r Arglwydd Ganiad Newydd' yn boblogaidd iawn a gelwid hi'n 'Anthem Fawr Llanllechid' oherwydd hoffter côr yr eglwys honno ohoni.

27. JOHN ROBERTS (IEUAN GWYLLT), 1822-1877: Ganed yn Nhanrhiwfelen ger Capel Seion, Aberystwyth, ac addysgwyd yn ysgol Lewis Edwards ac yng Nghapel Dewi. Yr oedd yn fardd toreithiog ac yn cyfansoddi tonau er pan oedd yn bymtheg oed. Bu yng Ngholeg Hyfforddi

Borough Road, Llundain, a dychwelodd i gadw ysgol yn Aberystwyth. Yn 1852 yr oedd yn Lerpwl yn cynorthwyo golygydd *Yr Amserau.* Yn 1858 symudodd i Aberdâr i olygu *Y Gwladgarwr* a chyhoeddodd y *Llyfr Tonau Cynulleidfaol* yn 1859. Ordeiniwyd ef yn weinidog eglwys Pant-tywyll, Merthyr, yn yr un flwyddyn. Yn 1861 cyhoeddwyd y rhifyn cyntaf o *Y Cerddor Cymreig* dan ei olygyddiaeth. Yn 1865 symudodd i fugeilio'r Capel Coch, Llanberis. Claddwyd ef ym mynwent Caeathro ger Caernarfon. Trefnu a chynganeddu ac ysbrydoli Cymru yn ei chanu cynulleidfaol oedd ei brif gyfraniad.

28. JOHN HENRY ROBERTS (PENCERDD GWYNEDD), 1848-1924: Ganed ym Mhenrallt, Bethesda, ar lethrau Mynydd Llandygái. Bu'n glerc yn chwarel Bryneglwys, Abergynolwyn, a than ddylanwad Samuel Sebastian Wesley (ŵyr Charles Wesley) dilynodd gwrs yn yr Academi Gerdd Frenhinol dan Sterndale Bennett. Yn 1897 penodwyd ef yn organydd Eglwys Bresbyteraidd Chatham Street, Lerpwl. Perfformiwyd ei agorawd *Caractacus* yn Eisteddfod Genedlaethol Cymru, Caernarfon, 1894. Ef oedd golygydd *Llyfr Tonau y Methodistiaid Calfinaidd* (1897) a chynorthwyodd Ellis Wyn o Wyrfai gyda *Llyfr Hymnau yr Eglwys.*

29. ROBERT LOWRY, 1826-1899: Brodor o Philadelphia a fu'n weinidog gyda'r Bedyddwyr yn Pennsylvania, Efrog Newydd a Brooklyn. Ef hefyd a gyfansoddodd yr alaw 'Mae d'eisiau Di bob awr'.

30. JOHN DAVID EDWARDS, 1805-1885: Ganed yng Ngwnnws, Ceredigion ac addysgwyd yn ysgol Ystrad Meurig a Choleg Iesu, Rhydychen. Derbyniodd wersi cerddoriaeth oddi wrth Dafydd Siencyn Morgan. Bu'n gurad yn Llansanffraid Glyndyfrdwy ac yn Aberdyfi cyn cael ei benodi'n beriglor Rhosymedre. Yn 1836 cyhoeddodd *Original Sacred Music,* llyfr tonau cyntaf yr Eglwys yng Nghymru. J.D.Edwards ac Edward Stephen (gweler rhif 43) oedd y beirniaid pan roddwyd y wobr gyntaf i anthem Ambrose Lloyd, 'Teyrnasoedd y Ddaear', ym Methesda yn 1852 (gweler rhif 37). Enw gwreiddiol y dôn hon oedd 'Lovely'. Trefniant J.T. Rees (gweler rhif 2) a geir yma.

31. DAVID CHRISTMAS WILLIAMS, 1871-1926: Ganed yn Llanwrtyd. Addysgwyd ef gan Joseph Parry (gweler rhif 44) yng Nghaerdydd a phenodwyd ef yn athro cynorthwyol yng ngholeg Parry ym Mhenarth. Yn 1895 symudodd i Ferthyr Tudful lle bu'n athro cerdd ac yn organydd Capel Hope. Yn 1912 enillodd radd mewn cerddoriaeth o Gaer-grawnt a chafodd radd Doethur o Brifysgol Dulyn. Y mae ei anthem 'Dyn a aned o wraig' yn boblogaidd.

32. MORFYDD (LLWYN) OWEN, 1891-1918: Ganed yn Nhrefforest er Pontypridd ac addysgwyd yng Ngholeg Prifysgol Cymru, Caerdydd, a'r Academi Gerdd Frenhinol. Priododd â'r seicdreiddiwr Ernest Jones, cyfaill a chofiannydd Sigmund Freud. Cyfansoddodd lawer o ganeuon, gan gynnwys 'Gweddi y Pechadur'. Ymddangosodd y dôn hon gyntaf yn *Cân a Moliant,* (Hughes a'i Fab, 1916, gol.H.Haydn Jones, gweler rhif 17). Galwyd y dôn naill ai ar ôl ei thad, William Owen, neu ar ôl ei brawd, William David Owen, a fu farw yn 1918 yn ffosydd Ffrainc yn y Rhyfel Byd Cyntaf.

33. J.HAYDN PHILLIPS, 1917-1985: Ganed yn Aber-fan a bu'n byw yno gydol ei oes yn oruchwyliwr ffatri gwneud botymau ym Merthyr. Bu'n organydd yng nghapel M.C. Aber-fan ac yn ysgrifennydd Cymanfa Ganu Dosbarth Merthyr am flynyddoedd. Enillodd ei dôn 'Bro Aber' y wobr gyntaf yn Eisteddfod Genedlaethol Llangefni 1983. Enw ei gartref oedd 'Bro Aber'.

34. MEGAN WATTS HUGHES, 1846-1907: Ganed hi yn Nowlais ac addysgwyd yn yr Academi Gerdd Frenhinol dan hyfforddiant Gustave Garcia, y bariton enwog. Yr oedd Megan Watts yn gantores broffesiynol a gwnaeth ei chartref yn Llundain. Bu ar deithiau cyngherddol drwy Gymru gyda'r Dr Joseph Parry a chanodd ddeuawdau gyda Jenny Lind. Cefnodd ar y byd proffesiynol gan droi ei chartref yn gartref i 30 o fechgyn amddifad.

35. WILLIAM HENRY GLADSTONE, 1840-1891: Ganed ym Mhenarlâg yn fab hynaf i William Ewart Gladstone (a fu'n Brif Weinidog Prydain) a'i briod, Catherine, o deulu Glynne, Castell Penarlâg. Bu W.H.Gladstone yn Aelod Seneddol Caer. Ar farwolaeth ei ewythr etifeddodd y stad ym Mhenarlâg.

36. R.L.JONES, 1896-1953: Glöwr ydoedd o ran galwedigaeth, ac aelod gyda'r Bedyddwyr yn Horeb, Sgiwen. Ymddangosodd y dôn am y tro cyntaf yn *Ail Ddetholiad o Emynau a Thonau y Bedyddwyr* (1949).

37. JOHN (AMBROSE) LLOYD, 1815-1874: Ganed yn yr Wyddgrug. Bu'n brentis athro gyda'i frawd yn Lerpwl cyn mynd i gadw ysgol. Bu'n athro yn y *Mechanics Institute* yn Lerpwl am ddeng mlynedd. Sefydlodd Gymdeithas Gorawl Gymreig Lerpwl yn 1846. Dychwelodd i Gymru yn 1851 fel masnachwr te. Ymgartrefodd yn y Rhyl yn 1864. Cyfansoddodd lawer, gan gynnwys yr anthem 'Teyrnasoedd y Ddaear' a ddisgrifiwyd gan Joseph Parry fel 'Hallelujah Chorus Cymru'.

38. EVAN MORGAN (LLEW MADOG), 1846-1920: Saer dodrefn, bardd a cherddor a anwyd ym Morfa Bychan ger Porthmadog. Paentiwyd englyn o'i waith ar y llong *Elizabeth Pritchard* a lansiwyd o Borthmadog yn 1909. Y mae 'Tyddyn Llwyn' yn un o'r enghreifftiau prin o dôn yn bodoli cyn yr emyn. Cyfansoddodd Moelwyn ei emyn 'Pwy a'm dwg i'r ddinas gadarn' ar gais Evan Morgan, ac i gyd-fynd â'i dôn.

39. JABEZ: Alaw Gymreig, a elwir hefyd yn 'Deisyfiad', 'Jamaica', 'Dewi Sant' a 'Rhiwabon'.

40. ARWEL HUGHES, 1909-1988: Ganed yn Rhosllannerchrugog, yn frawd i John Hughes (gweler rhif 4). Addysgwyd ef yn Ysgol Ramadeg Rhiwabon ac yng Ngholeg Cerdd Brenhinol Llundain lle bu'n astudio dan Ralph Vaughan Williams. Wedi cyfnod yn organydd Eglwys St Margaret, Westminster, symudodd i Rydychen yn organydd a chôr-feistr Eglwys St Phillip a St James. Ymunodd â staff BBC Cymru yn 1935. Bu'n bennaeth yr Adran Gerdd yno o 1965 hyd 1971. Cyfansoddodd weithiau cerddorfaol a chorawl. Mab iddo yw'r arweinydd Owain Arwel Hughes. Cyfansoddwyd y dôn 'Tydi a Roddaist' ar eiriau T.Rowland Hughes ar gyfer rhaglen radio, *Wales*, a ddarlledwyd ar Ddydd Gŵyl Ddewi 1938. Dymuniad yr emynydd oedd cael yr 'Amen' estynedig ar y diwedd. Canwyd yr emyn a'r dôn yn angladd T.Rowland Hughes yng nghapel Mynwent Cathays, Caerdydd, yn 1949.

41. MORRIS EDDIE EVANS, 1890-1984: Ganed yn Cloth Hall, Tal-y-sarn, Dyffryn Nantlle. Yn 1904 symudodd y teulu i Lerpwl a bu Eddie Evans yn canu'r organ yng Nghapel Edge Lane am 37 o flynyddoedd. Derbyniodd wersi cerddoriaeth gan J.H.Roberts (gweler rhif 28) a bu'n arweinydd Côr Cymysg Gwalia. Enillodd ei dôn 'Llangernyw' y wobr gyntaf yn Eisteddfod Genedlaethol Cymru, Machynlleth, 1937. Yn Eisteddfod Rhys Thomas James (Pantyfedwen), Llanbedr Pont Steffan, 1967, enillodd y Parchedig Rhys Nicholas, Porth-cawl, y wobr gyntaf am gyfansoddi emyn i'r ifanc. Y flwyddyn ddilynol cafwyd cystadleuaeth am dôn i'r emyn hwnnw. Nid y dôn hon oedd yn fuddugol, a barnodd y Pwyllgor Cerdd nad oedd y dôn arobryn yn dôn gynulleidfaol. Gofynnwyd i'r beirniad ailystyried, a daeth 'Pantyfedwen' i'r brig.

42. WOLFGANG KARL BRIEGEL, 1626-1712: Organydd a chyfansoddwr a anwyd yn Nuremberg. Bu'n organydd yn Stettin, yn gyfarwyddwr cerdd i'r Tywysog Friedenstein yn Gotha, yn kapellmeister i'r Dug Saxe-Gotha ac o 1670 hyd ei farw bu'n kapellmeister Hesse-Darmstadt. Cyfansoddodd lawer o weithiau seciwlar – dawnsiau llys ac ati.

Cyhoeddodd lyfr tonau yn 1677 a daw'r dôn 'Arennig' o'i gasgliad *Das Grosse Cantional oder Kirchen Gesangbuch* (1687).

43. EDWARD STEPHEN (JONES) (TANYMARIAN), 1822-1885: Ganed yn Rhyd-y-sarn, dyffryn Maentwrog, Meirionnydd ac addysgwyd yn Ysgol Penrallt-goch, Ffestiniog. Prentisiwyd ef yn deiliwr gyda'i frawd, William. Yn 1843 aeth i Goleg yr Annibynwyr yn y Bala ac yno y newidiodd ei enw i Edward Stephen gan gymryd enw cyntaf ei dad. Yn 1847 sefydlwyd ef yn weinidog yn Nwygyfylchi ger Penmaen-mawr ac yno y cyfansoddodd ei brif waith, *Ystorm Tiberias* (1852), sef yr oratorio Gymraeg gyntaf. Yn 1856 symudodd i fugeilio eglwys Bethlehem, Llanllechid. Yn 1868 cyhoeddodd ef a J.D.Jones (gweler rhif 17) y *Llyfr Tonau ac Emynau* – a'r *Atodiad* iddo, gwaith Tanymarian ei hun, yn ymddangos yn 1879. Yr oedd yn arweinydd cymanfaoedd canu ac yn fardd.

44. JOSEPH PARRY, 1841-1903: Ganed ym Merthyr Tudful yn fab i ŵr a oedd yn hanu o Landudoch, Sir Benfro. Yn un mlwydd ar ddeg oed aeth i weithio i waith haearn Syr John Guest ac ymunodd â chôr Rosser Beynon ac Ieuan Ddu. Yn 1854 ymfudodd gyda'i rieni i Danville, Pennsylvania, Unol Daleithiau'r America. Anfonai ei gyfansoddiadau i eisteddfodau Cymru a chodwyd cronfa i'w alluogi i ddychwelyd i astudio yn y Coleg Cerdd Brenhinol yn Llundain. Bu yno o 1868 hyd 1871. Yn 1874 penodwyd ef yn bennaeth Adran Gerdd Coleg Aberystwyth. Yn dilyn anghydfod rhyngddo ac awdurdodau'r coleg cychwynnodd ei goleg ei hun yn Abertawe yn 1880. O 1888 hyd ei farw ym Mhenarth bu'n ddarlithydd yng Ngholeg y Brifysgol, Caerdydd. Yr oedd yn gyfansoddwr toreithiog iawn a bu'n athro i rai o brif gyfansoddwyr Cymru, yn eu mysg, William Davies, David Jenkins, J.T.Rees, Daniel Protheroe a David Evans.

45. JOHN HUGHES, 1873-1932: Cyfansoddwr un o'r tonau Cymreig mwyaf poblogaidd yn siŵr, o gymanfaoedd i Barc yr Arfau! Cyfansoddwyd 'Cwm Rhondda' ar gyfer cymanfa ganu Bedyddwyr Pontypridd gan John Hughes, brodor o Ddowlais, a fagwyd yn Llanilltud Faerdref ac a fu'n gweithio yng nglofa Glynn er pan oedd yn ddeuddeg oed. Bu wedyn yn glerc ym mhwll glo'r Great Western ym Mhontypridd. Yr oedd yn ddiacon ac yn arweinydd y gân yn Salem, Capel Bedyddwyr Llanilltud Faerdref.

46. JOSEPH SMITH, 1800-1873: Ni wyddom yn hollol darddiad y dôn, ond credir yn gyffredinol mai addasiad ydyw o un o ganeuon Joseph Smith o Halesowen, Swydd Warwick (gweler ymhellach *Tonau a'u Hawduron*, Huw Williams, 1967, tud.101).

47. DAVID EMLYN EVANS, 1843-1913: Ganed ger Castellnewydd Emlyn. Addysgwyd ef yn Ysgol Bryngwyn ac Ysgol yr Eglwys yng Nghastellnewydd Emlyn. Prentisiwyd ef yn siopwr. Dysgodd ganu'r ffliwt a chafodd wersi mewn cynghanedd gan Ieuan Gwyllt. Yn 1858 aeth i weithio i siop draper ap Daniel ym Mhen-y-bont ar Ogwr. Aeth y busnes i'r wal, a dihangodd ap Daniel i'r America. Yn 1870 ymunodd D.Emlyn Evans â chwmni Jones Evans, gwneuthurwyr gwlanen yn y Drenewydd. Yn 1871 yr oedd yn drafaeliwr masnachol a'i bencadlys yn Abertawe. Priododd yn 1878 â gweddw Mynyddog, a thua 1900 daethant i fyw i Fron-y-gân, Cemaes ger Machynlleth. Yr oedd yn gymwynaswr mawr i ganiadaeth y cysegr. Bu'n olygydd *Y Cerddor* o 1889 hyd 1913.

48. JOSEPH PARRY: Gweler rhif 44.

49. GRIFFITH WILLIAM HUGHES, 1861-1941: Ganed yng Nghefn Mawr, Sir Ddinbych. Bu'n gyfrifydd yng nglofa Wynnstay ac yn arweinydd Cymdeithas Gorawl Cefn Mawr.

50. DAVID EMLYN EVANS: Gweler rhif 47.

'The object of all music is to glorify God. Were it not so, music would not exist – only noise and discord.' Johann Sebastian Bach.

COMPOSERS OF THE TUNES

1. WILLIAM P. ROBERTS, 1862-1912: Born in Cardigan. His father was a native of Cardigan town and his mother a native of Blaen-ffos. Although apprenticed as a carpenter he was a shopkeeper by trade. He was taught harmony by the Reverend W.Gynon Evans, Baptist minister in Pen-y-bryn and Cilgerran, and learnt to play both violin and harp. He endured great affliction at the end of his life. He was a faithful member of Bethania Chapel (B), Cardigan, and named his tune 'Bryngogarth' after the home of his minster, the Reverend John Williams, who served in Bethania from 1880 until his death in 1929. W.P.Roberts was buried at Blaen-ffos, and the following *englyn*, the work of the Reverend Aaron Morgan, minister of Blaen-ffos, placed on his gravestone:

Un hysbys oedd yn nosbarth – y gân fwyn.
Gwyn ei fyd, frawd di-warth;
Tra cenir, nis gwelir gwarth
Yn gwgu o'i Fryngogarth.

2. JOHN THOMAS REES, 1857-1949: Born in Cwmgïedd near Ystradgynlais, he was a coalminer for a short time before studying music at Aberystwyth under Dr Joseph Parry. He was awarded a MusBac degree from the University of Toronto. After returning from the United States, he made his home in Bow Street, near Aberystwyth, where he held classes in music for adults and was a conductor of choirs. He was also a part-time teacher at Tregaron County School and, for a short period, an assistant teacher in the Music Department of University College, Aberystwyth, under Walford Davies and David de Lloyd. He was organist and chorus-master at Garn Chapel, Bow Street, and co-editor of *Llyfr Hymnau a Thonau y Methodistiaid Calfinaidd* (1897) (Calvinistic Methodist Hymn-book) and *Llyfr Emynau a Thonau y Methodistiaid Calfinaidd a Wesleaidd* (1927) (Calvinistic and Wesleyan Methodist Hymn-book).

3. THOMAS HOPKIN EVANS, 1879-1940: Born in Resolven, he was a cousin of Dr David Evans. He was organist of the English Presbyterian chapel in Neath (1909-1919) and then succeeded Harry Evans as conductor of the Liverpool Welsh Choral Society. He gained a Doctorate in Music from Oxford University. This tune was composed in memory of Cadwaladr Jones, Hafod y Fraith, Rhyd-y-meirch, Penmachno. It is said that the notes given to the words 'Fy Nhad' echo Cadwaladr Jones's intonation when praying publicly.

4. JOHN HUGHES, 1896-1968: Born in Rhosllannerchrugog, he was the eldest brother of Arwel Hughes (see note 40). He worked at Hafod colliery before graduating in music from University College of Wales, Aberystwyth, in 1924. He was organist at Noddfa Chapel, Treorchy. From 1942 to 1961 he was Music Organiser for Merionethshire. He was editor of *Llawlyfr Moliant y Bedyddwyr* (1955) (Baptist Song-book of Praise). His home at Rhos was called 'Arwelfa'.

5. CARADOG ROBERTS, 1878-1935: He was born in Rhosllannerch-rugog and spent most of his life there. He was organist at Bethlehem Chapel (C) and gained a degree in music. He served his apprenticeship as a carpenter, but studied music under Dr Joseph Bridge, organist of Chester Cathedral, and the pianist, Johannes Weingarter. In 1911 he was the youngest ever Welshman from north Wales to be awarded a Doctorate in Music. From 1914 to 1920 he was Director of Music at University College, Bangor. This tune was composed in memory of Harry Evans, Liverpool (1873-1914), and first appeared in *Cymru* (ed. O.M.Edwards), October 1914, under the title 'Dowlais'.

6. MATTHEW WILLIAM DAVIES, 1882-1947: Born in Neath. He learnt sol-fa as a boy and received tuition from David Evans in London. When the latter was appointed Professor of Music at University College, Cardiff, Matthew Davies followed him there as a student. He became a music master in Neath, an organist at Bethlehem Green Chapel (C.M.), and conductor of the local operatic company and male voice choir. He was an adjudicator and conductor of *cymanfaoedd canu* (singing festivals). This tune is named after the home of friends in Neath.

7. JOHN THOMAS, 1839-1921: 'The composer from Blaenannerch and adjudicator and conductor from Llanwrtyd'. He was born in Blaenannerch, near Cardigan, and educated at the village school and Adpar Grammar School. Having served his apprenticeship in a shop in Newcastle Emlyn he returned to Blaenannerch to take charge of his father's shop. He won a host of prizes for composing at *eisteddfodau*. In 1871, he married Anne, the daughter of Llanwrtyd Post Office, and moved there to live. He was awarded an honorary MA degree by the University of Wales in 1920. It is said that he was inspired to compose this tune on hearing the Reverend

John Jones, Blaenannerch, shouting the word 'Iawn' (Atonement) during a sermon.

8. LEWIS JONES ROBERTS, 1866-1931: A native of Aberaeron, Cardiganshire, he was educated at St David's College, Lampeter, and Exeter College, Oxford. He lectured in History at Lampeter for a time before being appointed one of His Majesty's Inspectors of Schools. As an HMI he lived in Aberystwyth, Rhyl and Swansea before moving back to Aberaeron on his retirement. His home was called 'Llys Aeron'.

9. JACOB GABRIEL, 1879-1950: He was born in Argoed, Monmouthshire, the son of John Gabriel, composer of the hymn-tune 'Bryn Terrace'. Thomas Gabriel, another able musician, was his brother. Jacob Gabriel was organist of Argoed Baptist Chapel for many years, and conductor of the Blackwood Choral Society. He composed a Requiem in memory of Edward VII and was a very talented accompanist.

10. JOHANN SEBASTIAN BACH, 1685-1750: Born in Eisenach, Thuringia, Bach was almost throughout his life involved with church music. His last position was kapellmeister of St Thomas's Church, Leipzig. He was one of the principal organists of his day. He was twice married and fathered twenty children. Bach is one of the world's great composers and these brief notes cannot do justice to his genius. 'Mannheim' is an example of a German chorale, an adaptation of a secular choral song by Hans Leo Hassler (1564-1612). Bach used the melody five times in his *Passion According to St Matthew (O Haupt voll Blut und Wunden).*

11. GENEVA PSALTER, 1551: This volume was published at John Calvin's request. It does not give the origin of the tunes, but the composer of this tune is believed to be Claude Goudimel (*c.*1510-1572). He composed works for both Catholics and Protestants until he was prohibited from doing so by the Roman Catholic Church. Goudimel died in the Massacre of Saint Bartholomew.

12. OLIVE VALERIE DAVIES, *née* WILLIAMS, 1895-1971: Born in Pont-y-gwaith, Rhondda, she was the daughter of a Methodist minister and grand-daughter (on her mother's side) of the Reverend Jenkin Jenkins, Pont-rhyd-y-fen. Having studied music at University College, Cardiff, she became a lecturer in music at Cartrefle Training College, Wrexham. Her husband, the Reverend E.R.Davies, was minister of the English Independent Church, Chester Street, Wrexham. The original title of this hymn-tune was 'Tangnefedd ar y Ddaear' (Peace on Earth).

13. THOMAS DAVID EDWARDS, 1875-1930: Born in Pittson, Pennsylvania in the United States of America, he was the son of 'Iorwerth Glan Elyrch' who emigrated there from Monmouthshire. A self-taught musician, he was a very accomplished organist. He returned to Pontypridd and was organist at Treharris, Pontypridd and also Porthmadog. He was Morfydd Owen's first music teacher (see note 32).

14. THOMAS JOHN WILLIAMS, 1869-1944: It was alleged – falsely – that this tune was found in a bottle on one of the beaches of Pen Llŷn, hence the nickname 'Tôn y Botel' (Tune of the Bottle). The composer was born in Ynysmeudwy and was organist at Llanelli.

15. JESSIE SEYMOUR IRVINE, 1836-1887: The daughter of a minister from Scotland, she was born in Dunothar before her father moved to Peterhead and from there to Crimond. There has been considerable dispute regarding the authorship of this tune (see *Rhagor am Donau a'u Hawduron,* Huw Williams, 1969, page 93).

16. ALFRED LEGGE, 1843-1919: He was born in Cambridge and died in Ashford, Kent. He was an organist and choir-master. Vernon Lewis was inspired to translate the hymn 'Rest of the weary, joy of the sad' when he heard it sung on this tune in Salisbury Park, Wrexham.

17. JOSEPH DAVID JONES, 1827-1870: Born in Bryncrugog, Llanfair Caereinion and educated, for a few months only, at Borough Road Training College, London, he opened a school in Tywyn, Merionethshire, but in 1865 moved to Ruthin, where he opened a private school in Clwyd Bank. His pioneering volume *Alawon y Bryniau* is important in the development of music in Wales for it contributed to the popularity of Welsh solos at the beginning of this century. The Reverend J.D.Jones (Bournemouth) and H.Haydn Jones, Member of Parliament for Merionethshire, were his sons.

18. ASCAN HENRI THEODORE LUTTEROTH, 1802-1889: Born in Leipzig, he later went to live in France and died in Paris. This tune first appeared in *Chants Chrétiens* (1834).

19. DANIEL PROTHEROE, 1866-1934: A native of Ystradgynlais, he was, at the age of eighteen, conductor of the Ystradgynlais Choir. When nineteen years of age he emigrated to the United States where he was conductor of several choirs. He graduated in music from the University of Toronto and later gained a DMus degree. In 1894 he moved to Milwaukee and from there to Chicago, where he taught in a school of music. He used to visit Wales regularly and both he and his children spoke Welsh. He published several volumes such as *Nodau Damweiniol a D'rawyd* (1924), and composed a number of choral works. This tune was dedicated to John Price (brother of Tom Price, Merthyr).

20. YR HEN GANFED (OLD HUNDREDTH): Little is known about the origin of this tune. According to one tradition it was composed by Louis Bourgeois (1523-1600), the music editor of *The Geneva Psalter,* 1551. Edmwnd Prys chose the tune for the hundredth psalm in his *Salmau Cân* (1621).

21. CRUG-Y-BAR: A Welsh melody, but little is known of its origin. It has been called 'Bethel' and 'Bozrah'.

22. BRYNHYFRYD: A Welsh melody, sometimes attributed to John Williams (see note 26). It was David Lloyd George's favourite tune. This arrangement is by J.T.Rees (see note 2).

23. JOHN MORGAN NICHOLAS, 1895-1963: A native of Pen-y-cae, Port Talbot, he studied at the Royal College of Music. He was Music Organiser for Montgomeryshire (1920-24) and afterwards music master in Oswestry before being appointed Director of the University of Wales's Council for Music in 1947.

24. ARABIA: This appeared, as was the custom, as melody for tenor voices in *Caniadau Seion* (1840) edited by Richard Mills of Llanidloes. It is not attributed to any composer.

25. LOWELL MASON, 1792-1872: Another title given to the tune is 'St Andrew(s)'. Dr Mason, a native of Massachusetts who died in Orange, New Jersey, was a pioneering figure in American music, especially in the schools of Boston. This arrangement is by **EVAN THOMAS DAVIES** (1878-1969). He was born in Dowlais; his mother was a cousin to R.S.Hughes. He studied under Harry Evans and succeeded Caradog Roberts (see note 5) as Director of Music at University College, Bangor (1920-1942).

26. JOHN WILLIAMS (IOAN RHAGFYR), 1740-1821: The son of a woollen cloth maker, he was born in the parish of Celynnin and brought up in Tal-y-waen, near Dolgellau, Merionethshire. He received his musical education in Shrewsbury where he learnt to play the flute and trumpet. He became a solicitor's clerk in Dolgellau, ran schools in Merionethshire and composed a number of orchestral works. His anthem 'Cenwch i'r Arglwydd Ganiad Newydd' became very popular, and was also called 'Anthem Fawr Llanllechid' (Great Llanllechid Anthem) because of the affection in which it was held by the church choir there.

27. JOHN ROBERTS (IEUAN GWYLLT), 1822-1877: Born in Tanrhiwfelen, near Capel Seion, Aberystwyth, he was educated at Lewis Edwards's school and at Capel Dewi. He was a prolific poet and started composing music at the age of fifteen. He attended Borough Road Training College in London, and then returned to run a school in Aberystwyth. In 1852 he was in Liverpool helping to edit *Yr Amserau*. In 1858 he moved to Aberdare to edit *Y Gwladgarwr* and in 1859 published *Llyfr Tonau Cynulleidfaol* (Book of Tunes for Community Singing). In the same year he was ordained minister of Pant-tywyll Church, Merthyr. In 1861 the first issue of *Y Cerddor Cymreig* was published under his editorship. In 1865 he moved to Capel Coch, Llanberis. He was buried in Caeathro cemetery near Caernarfon. His main contribution was as an arranger and harmoniser of tunes, and an inspiration to community singing in Wales.

28. JOHN HENRY ROBERTS (PENCERDD GWYNEDD), 1848-1924: He was born in Penrallt, Bethesda, on Mynydd Llandygái and became a clerk at Bryneglwys quarry, Abergynolwyn. However, under the influence of Samuel Sebastian Wesley (grandson of Charles Wesley), he decided to pursue a course of study with Sterndale Bennett at the Royal Academy of Music. In 1897 he was appointed organist of Chatham Street Presbyterian Chapel, Liverpool. His overture *Caractacus* was performed at the Welsh National Eisteddfod at Caernarfon in 1894. He edited *Llyfr Tonau y Methodistiaid Calfinaidd* (1897) (Calvinistic Methodists' Hymn-book) and assisted Ellis Wyn o Wyrfai with *Llyfr Hymnau yr Eglwys* (Church Hymnal).

29. ROBERT LOWRY, 1826-1899: A native of Philadelphia, he served as a Baptist minister in Pennsylvania, New York and Brooklyn. He also composed the tune 'I need Thee every hour'.

30. JOHN DAVID EDWARDS, 1805-1885: Born in Gwnnws, Cardiganshire, he was educated at Ystrad Meurig school and Jesus College, Oxford. He had music lessons from Dafydd Siencyn Morgan. He was curate at Llansanffraid Glyndyfrdwy and at Aberdovey before becoming parish priest of Rhosymedre. In 1836 he published *Original Sacred Music,* the first hymn-book of the Church in Wales. J.D.Edwards and Edward Stephen (see note 43) were the adjudicators when Ambrose Lloyd (see note 37) received first prize for his anthem 'Teyrnasoedd y Ddaear' at Bethesda in 1852. The original title of this tune was 'Lovely'. This arrangement is the work of J.T.Rees (see note 2).

31. DAVID CHRISTMAS WILLIAMS, 1871-1926: Born in Llanwrtyd, he was educated by Joseph Parry (see note 44) in Cardiff before being appointed assistant teacher in Parry's college in Penarth. In 1895 he moved to Merthyr Tydfil where he was music teacher and organist at Hope Chapel. In 1912 he gained a degree in music from Cambridge and was awarded a Doctorate by the University of Dublin. He is the composer of the popular anthem 'Dyn a Aned o Wraig'.

32. MORFYDD (LLWYN) OWEN, 1891-1918: Born in Trefforest, near Pontypridd, she was educated at University College of Wales, Cardiff, and at the Royal Academy of Music. She married the psychoanalyst, Ernest Jones, friend and biographer of Sigmund Freud. She composed many songs, including 'Gweddi y Pechadur'. This tune first appeared in *Cân a Moliant* (Hughes a'i Fab, 1916, ed.H.Haydn Jones – see note 17). The tune was named either after her father, William Owen, or after her brother, William David Owen, who died in 1918 in the trenches of France at the end of the First World War .

33. J.HAYDN PHILLIPS, 1917-1985: He was born in Aber-fan and lived there throughout his life, working as a supervisor in a button factory in Merthyr. He was organist at Aber-fan C.M. Chapel, and secretary of the Merthyr District Cymanfa Ganu for many years. His tune 'Bro Aber' won first prize at the Llangefni National Eisteddfod in 1983. 'Bro Aber' was the name of his home.

34. MEGAN WATTS HUGHES, 1846-1907: Born in Dowlais and educated at the Royal Academy of Music, she received tuition from Gustave Garcia, the famous baritone. Megan Watts was a professional singer who made her home in London. She went on concert tours in Wales with Dr Joseph Parry, and sang duets with Jenny Lind; she then retired from professional singing and turned her house into a home for thirty orphaned boys.

35. WILLIAM HENRY GLADSTONE, 1840-1891: Born in Hawarden, he was the eldest son of William Ewart Gladstone, Prime Minister of Britain, and his wife, Catherine, a member of the Glynne family of Hawarden Castle. W.H.Gladstone was Member of Parliament for Chester. On his uncle's death he inherited the estate at Hawarden.

36. R.L.JONES, 1896-1953: He was a coalminer and a member of the Baptist Church at Horeb, Skewen. This tune first appeared in *Ail Ddetholiad o Emynau a Thonau y Bedyddwyr* (1949)(Second Collection of Baptist Hymns and Tunes).

37. JOHN (AMBROSE) LLOYD, 1815-1874: Born in Mold, he became a student teacher with his brother in Liverpool before running his own school. He taught at the Mechanics Institute in Liverpool for ten years and founded the Liverpool Welsh Choral Society in 1846. He returned to Wales in 1851 and worked as a tea merchant. He composed a great deal, including the anthem 'Teyrnasoedd y Ddaear' which Joseph Parry described as 'the Hallelujah Chorus of Wales'.

38. EVAN MORGAN (LLEW MADOG), 1846-1920: A cabinet maker, poet and musician who was born in Morfa Bychan, near Porthmadog. One of his *englynion* was inscribed on the ship *Elizabeth Pritchard* launched from Porthmadog in 1909. 'Tyddyn Llwyn' is one of a few examples of a hymn-tune preceeding the hymn. Moelwyn composed his hymn 'Pwy a'm dwg i'r ddinas gadarn' at the behest of Evan Morgan, to complement his melody.

39. JABEZ: A Welsh melody, also known as 'Deisyfiad', 'Jamaica', 'Dewi Sant' and 'Rhiwabon'.

40. ARWEL HUGHES, 1909-1988: Born in Rhosllannerchrugog, he was the brother of John Hughes (see note 4). He was educated at Ruabon Grammar School and at the Royal College of Music in London where he studied under Ralph Vaughan Williams. He was organist at St Margaret's Church, Westminster, for a time, and then moved to Oxford as organist and choir-master of St Phillip's and St James's Church. He joined the staff of BBC Wales in 1935 and was Head of the Music Department there from 1965 to 1971. He composed orchestral and choral works. The conductor, Owain Arwel Hughes, is his son. Arwel Hughes composed the hymn-tune 'Tydi a Roddaist' to words by T.Rowland Hughes, for a radio programme, *Wales*, which was broadcast on St David's Day, 1938. It was the wish of the hymn-writer to have the extended 'Amen' at the end. The hymn and tune were sung at the funeral of T.Rowland Hughes at Cathays Cemetery, Cardiff, in 1949.

41. MORRIS EDDIE EVANS, 1890-1984: Born at Cloth Hall, Tal-y-sarn, Dyffryn Nantlle, he moved with his family to Liverpool in 1904 and was organist at Edge Lane Chapel for 37 years. He was given music lessons by J.H.Roberts (see note 28) and was conductor of the Gwalia Mixed Choir. His tune 'Llangernyw' won first prize at the National Eisteddfod of Wales, Machynlleth, in 1937. At the Rhys Thomas James (Pantyfedwen) Eisteddfod, Lampeter, 1967, the Reverend Rhys Nicholas, Porth-cawl won first prize for writing a hymn for young people. The following year there was a competition to compose a tune to accompany the hymn. The music committee deemed that the chosen hymn-tune was not suitable for congregational singing and, having been asked to reconsider, the adjudicator then announced 'Pantyfedwen' the winner.

42. WOLFGANG KARL BRIEGEL, 1626-1712: An organist and composer born in Nuremberg. He was organist in Stettin, musical director to Prince Friedenstein of Gotha, kapellmeister to the Duke of Saxe-Gotha, and from 1670 until his death, kapellmeister of Hesse-Darmstadt. He composed a number of secular works – court dances, for example. He published a song-book in 1677 and this tune 'Arennig' comes from his collection entitled *Das Grosse Cantional oder Kirchen Gesangbuch* (1687).

43. EDWARD STEPHEN (JONES) (TANYMARIAN), 1822-1885: Born in Rhyd-y-sarn, vale of Maentwrog, Merionethshire, and educated at Penrallt-goch School, Ffestiniog, he was later apprenticed as a tailor with his brother, William, but in 1843 went to the Congregational College in Bala and there changed his name to Edward Stephen adopting his father's first name. In 1847 he was installed minister at Dwygyfylchi near Penmaen-mawr, where he composed his principal work, *Ystorm Tiberias* (1852), the first ever Welsh oratorio. He became minister of Bethlehem, Llanllechid, in 1856. In 1868 he collaborated with J.D.Jones (see note 17) on the publication of *Llyfr Tonau ac Emynau* (Book of Hymns and Tunes); the *Atodiad* (Supplement), Tanymarian's own work, was published in 1879. He was also a conductor of *cymanfaoedd canu* (singing festivals) and a poet.

44. JOSEPH PARRY, 1841-1903: He was born in Merthyr Tydfil though his father was a native of St Dogmael's, Pembrokeshire. When eleven years old he went to work at Sir John Guest's ironworks and joined Rosser Beynon and Ieuan Ddu's choir. In 1854 he and his family emigrated to Danville, Pennsylvania in the United States. He used to send his compositions to *eisteddfodau* in Wales and a fund was established to enable him to study from 1868 until 1871 at the Royal College of Music in London. In 1874 he was appointed Head of the Music Department in Aberystwyth. In 1880, however, as a result of a dispute between him and the college authorities, he founded his own college in Swansea. From 1888 until his death in Penarth, he was a lecturer at University College, Cardiff. He was a prolific composer and taught some of Wales's foremost composers, among them, William Davies, David Jenkins, J.T.Rees, Daniel Protheroe, and David Evans.

45. JOHN HUGHES, 1873-1932: He can justifiably lay claim to being the composer of one of the most popular hymn-tunes ever, for 'Cwm Rhondda', composed for a *cymanfa ganu* at the Baptist Chapel, Pontypridd, is as much a favourite at *cymanfaoedd canu* as at Cardiff Arms Park! A native of Dowlais, John Hughes was brought up in Llantwit Fardre and started working in Glynn colliery when he was twelve years old. Subsequently he worked as a clerk at the Great Western colliery in Pontypridd. He was a deacon and leader of congregational singing at Salem Baptist Chapel, Llantwit Fardre.

46. JOSEPH SMITH, 1800-1873: The origin of the tune is not known, but it is generally believed to be an adaptation of a song by Joseph Smith of Halesowen, Warwickshire (see *Tonau a'u Hawduron*, Huw Williams, 1967, p.101).

47. DAVID EMLYN EVANS, 1843-1913: He was born near Newcastle Emlyn and educated at Bryngwyn School and at the Church School in Newcastle Emlyn. He did his apprenticeship as a shopkeeper, learnt to play the flute, and was taught harmony by Ieuan Gwyllt. In 1858 he joined ap Daniel's draper's shop in Bridgend; however the business was declared bankrupt and ap Daniel fled to America. In 1870 D.Emlyn Evans joined Jones Evans, woollen cloth manufacturers of Newtown. In 1871 he was a commercial traveller, with headquarters in Swansea. He married Mynyddog's widow in 1878, and around 1900 they moved to live in Bron-y-gân, Cemaes, near Machynlleth. He was a great benefactor of community hymn-singing and was editor of *Y Cerddor* from 1889 to 1913.

48. JOSEPH PARRY: See note 44.

49. GRIFFITH WILLIAM HUGHES, 1861-1941: Born in Cefn Mawr, Denbighshire, he worked as an accountant in Wynnstay colliery, and conducted the Cefn Mawr Choral Society.

50. DAVID EMLYN EVANS: see note 47.